全国中等职业学校
课程改革规划新教材

Qiche Cheshen Banjin Xiufu Jishu
汽车车身钣金修复技术

(第2版)

主　　　编　黄靖淋　夏　坤
副 主 编　罗　波　王　刚　熊华成
丛书总主审　朱　军

人民交通出版社股份有限公司
China Communications Press Co.,Ltd.

内 容 提 要

本书是全国中等职业学校课程改革规划新教材之一,主要内容包括:汽车车身钣金修复安全防护、汽车车身钣金修复工具的使用、汽车车身塑料件损伤的修复、汽车车身面板损伤的修复和汽车车身结构件损伤的修复。

本书为中等职业学校汽车运用与维修专业的教材,也可供汽车维修及相关技术人员参考阅读。

图书在版编目(CIP)数据

汽车车身钣金修复技术/黄靖淋,夏坤主编.—2版.—北京:人民交通出版社股份有限公司,2019.8
ISBN 978-7-114-15650-2

Ⅰ.①汽… Ⅱ.①黄… ②夏… Ⅲ.①汽车—车体—车辆修理—中等专业学校—教材 Ⅳ.①U472.4

中国版本图书馆CIP数据核字(2019)第128440号

书　　名：	汽车车身钣金修复技术(第2版)
著 作 者：	黄靖淋　夏　坤
责任编辑：	戴慧莉
责任校对：	刘　芹
责任印制：	张　凯
出版发行：	人民交通出版社股份有限公司
地　　址：	(100011)北京市朝阳区安定门外外馆斜街3号
网　　址：	http://www.ccpress.com.cn
销售电话：	(010)59757973
总 经 销：	人民交通出版社股份有限公司发行部
经　　销：	各地新华书店
印　　刷：	北京市密东印刷有限公司
开　　本：	787×1092　1/16
印　　张：	8.25
字　　数：	199千
版　　次：	2013年9月　第1版 2019年8月　第2版
印　　次：	2019年8月　第2版　第1次印刷　总第4次印刷
书　　号：	ISBN 978-7-114-15650-2
定　　价：	23.00元

(有印刷、装订质量问题的图书由本公司负责调换)

全国中等职业学校汽车运用与维修专业
课程改革规划新教材编委会

（排名不分先后）

主　　　任：王永莲(四川交通运输职业学校)　　王德平[贵阳市交通(技工)学校]
副　主　任：韦生键(成都汽车职业技术学校)　　陈晓科(郴州工业交通学校)
　　　　　　张扬群(重庆市渝北职业教育中心)　　刘高全(四川科华高级技工学校)
　　　　　　蒋红梅(重庆立信职业教育中心)　　余波勇(郫县友爱职业技术学校)
　　　　　　姜雪茹(成都市工业职业技术学校)　　袁家武[贵阳市交通(技工)学校]
　　　　　　黄　轶(重庆巴南职业教育中心)　　徐　力(成都工程职业技术学校)
　　　　　　张穗宜(宜宾市工业职业技术学校)　　刘新江(四川交通运输职业学校)
委　　　员：柏令勇　杨二杰　黄仕利　雷小勇　钟　声　夏宇阳　陈　瑜　袁永东
　　　　　　雍朝康　黄靖淋　何陶华　胡竹娅　税发莲　张瑶瑶
　　　　　　盛　夏(四川交通运输职业学校)
　　　　　　谢可平　王　健　李学友　姚秀驰　王　建　汤　达
　　　　　　侯　勇[贵阳市交通(技工)学校]
　　　　　　王丛明　陈凯镔(成都市工业职业技术学校)
　　　　　　韩　超(成都工程职业技术学校)
　　　　　　向　阳　秦政义　曾重荣(成都汽车职业技术学校)
　　　　　　袁　亮　陈淑芬　李　磊(郴州工业交通学校)
　　　　　　向朝贵　丁　全(郫县友爱职业技术学校)
　　　　　　石光成　李朝东(重庆巴南职业教育中心)
　　　　　　唐守均(重庆市渝北职业教育中心)
　　　　　　夏　坤(重庆立信职业教育中心)
　　　　　　周　健　向　平(四川科华高级技工学校)
　　　　　　伍鸿平(宜宾市工业职业技术学校)
丛书总主审：朱　军
秘　　　书：戴慧莉

第2版前言

本套"全国中等职业学校课程改革规划新教材",自2010年首次出版以来,多次重印,被全国多所中等职业院校选为汽车运用与维修专业教学用书,受到了广大师生的好评。2012年根据教学需求,本套教材进行了修订,使之在结构和内容上与教学内容更加吻合,更注重对学生实践能力的培养。

为了体现现代职业教育理念,贴近汽车运用与维修专业实际教学目标,促进"教、学、做"更好地结合,突出对学生技能的培养,使之成为技能型人才,2018年8月,人民交通出版社股份有限公司吸收教材使用院校的意见和建议,组织相关老师,经过充分认真研究和讨论,确定了修订方案,再次对本套教材进行了修订。

《汽车车身钣金修复技术》的修订工作,就是在第1版的基础上进行的,教材修订主要体现在以下几个方面:

(1)"学习任务"由第1版的6个增加为13个,更贴近工作领域的任务训练。

(2)"工作任务"基于认识规律,由浅入深,由易到难,学习任务具有逆向包容性,任务先以理论作为铺垫,更注重学生基本技能的训练。

(3)将"汽车钣金维修安全知识"任务分解为"汽车车身钣金修复工作服的正确穿戴"和"汽车车身钣金焊接工作服的正确穿戴"两个任务。

(4)将"汽车钣金维修基本工具"任务分解为"车身维修手动钣金工具的使用""车身维修气动钣金工具的使用""车身维修电动钣金工具的使用"三个任务。

(5)把"汽车车身板件的焊接"中焊机的使用部分分配到"车身维修电动钣金工具的使用"任务中,板件的焊接部分分配到"汽车车身板件的更换"任务中。

(6)增加了"塑料保险杠凹陷整形修复""塑料保险杠损伤焊接修复""车

身板件损伤免喷漆修复"三个学习任务。

(7)删除"汽车车身板件的拆装与调整"学习任务。

本书由四川交通运输职业学校黄靖淋,重庆立信职业教育中心夏坤担任主编;由达州高级技工学校罗波、绵阳职业技术学校王刚、四川省阆中江南高级职业中学熊华成担任副主编;四川交通运输职业学校李晓东参加编写。

限于编者水平,书中难免有疏漏和错误之处,恳请广大读者提出宝贵建议,以便进一步修改和完善。

全国中等职业学校汽车运用与维修专业
课程改革规划新教材编委会
2019年2月

目 录

项目一　汽车车身钣金修复安全防护 ··· 1
　　任务1　汽车车身钣金修复工作服正确穿戴 ·· 1
　　任务2　汽车车身钣金焊接工作服正确穿戴 ·· 8
项目二　汽车车身钣金修复工具的使用 ·· 12
　　任务1　车身维修手动钣金工具使用 ·· 12
　　任务2　车身维修气动钣金工具使用 ·· 22
　　任务3　车身维修电动钣金工具使用 ·· 29
项目三　汽车车身塑料件损伤的修复 ··· 43
　　任务1　塑料保险杠凹陷整形修复 ·· 43
　　任务2　塑料保险杠的损伤焊接修复 ·· 51
项目四　汽车车身面板损伤的修复 ·· 62
　　任务1　汽车车身板件损伤免喷漆修复 ··· 62
　　任务2　汽车前翼子板凹陷修复 ·· 69
　　任务3　汽车车门板件凹陷损伤修复 ·· 77
项目五　汽车车身结构件损伤的修复 ··· 89
　　任务1　汽车车身损伤电子测量 ·· 89
　　任务2　汽车车身损伤校正 ·· 101
　　任务3　汽车车身板件的更换 ··· 111
参考文献 ··· 124

项目一　汽车车身钣金修复安全防护

本项目介绍汽车车身钣金修复安全防护。事故车进入维修车间进行修复,在指定的区间进行损伤诊断、拆件、维修。为了保证维修顺利进行,维护人员必须在保护好自己的情况下,在正确的维修区内安全、高质地进行车身修复。本项目分为两个工作任务,分别为:汽车车身钣金修复工作服的正确穿戴和汽车车身钣金焊接工作服的正确穿戴。学生通过两个工作任务的学习,能针对不同的作业选择不同的防护用品,会正确地使用安全防护用品对自己进行保护。

任务1　汽车车身钣金修复工作服正确穿戴

一、明确学习任务

(一)任务描述

汽车钣金维修作业是一项比较危险的工作。汽车修复过程是在一个有严格分区的空间进行的,因此,正确地布置这个空间是非常重要的。在这个空间内进行车身钣金修复作业,为保证维修人员的安全,必须要正确地穿戴钣金作业的防护用品。

(二)任务分析

在进行车身修复作业的过程中,需要用到手动、气动、电动工具,如果这些工具使用不当,会对人身造成伤害。在修复作业过程中,有很多粉尘、铁屑、挥发物等,这些有害物会对身体造成损伤,在研磨钣金作业的时候,噪声也会伤害自己的身体。要防止维修过程中各种有害物对自身的伤害,就要佩戴个人安全防护用品。

钣金修复个人防护穿戴的注意事项如下。

(1)正确穿戴防护用品。

(2)培养学生安全操作意识。

二、制订学习目标

(一)知识目标

(1)能布置汽车车身钣金修复车间工位。

(2)能描述个人安全防护用品的分类与作用。

(二)技能目标

(1)能够正确穿戴个人安全防护用品。

(2)能够在个人安全防护下进行操作。

(三)职业素质目标

(1)培养学生安全操作意识。

(2)培养学生按照5S标准进行实践。

(3)培养学生团队协作和沟通能力。

三、准备理论知识

(一)汽车车身钣金修复车间的布置

1. 工作区布置

车身钣金修复工作区一般分为钣金加工检查、钣金加工校正、车身校正和材料存放工位,如图1-1所示。在车身修复工作区,要完成事故车辆的检查、车辆零部件的拆卸、板件修理、车身测量校正、车身板件更换和车身板件装配调整工作。车身测量校正、车身焊接、车身装配调整一般在一个固定的工位进行,即车身校正仪。校正仪平台一般长为5~6m,宽为2~2.5m。为了安全,校正仪外围要有1.5~2m的操作空间。校正工位长为8~10m,宽为5~6.5m。

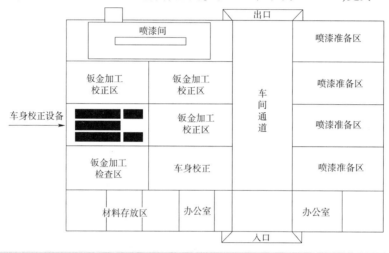

图1-1 钣金车间的区域划分

2. 气路布置

车身钣金修复工作区要使用压缩空气和电,所以,气路要布置合理。钣金车间气路布置如图1-2所示。

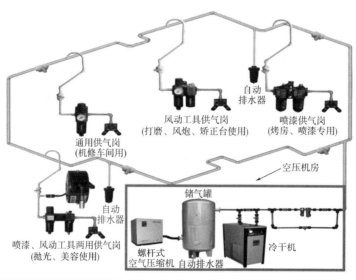

图1-2 钣金车间气路布置

3. 工作岗

工作岗是整个供气系统最末端部分，一端与主管道连接、另一端借助供气软管与钣喷工具相连。主要的工作岗类型有：通用工作岗、风动工具工作岗、喷漆专用工作岗和喷漆、风动两用工作岗。工作岗主要用于用气量较大的打磨、风炮、校正台等工具。岗位配置压力调节器、快速接头座、隔水油雾器（隔水器、油雾器）。

快速接头（图1-3）以及快速插头是汽修厂最常用的连接件。对它们的质量要求是，不仅耐用、不漏气，而且还要使用安全方便。

4. 气鼓、软管

通常，维修车间的工作不只是在固定的工作岗前完成，因此需要通过软管（图1-4）将气鼓接在固定岗位上，将气源送到工作地方。如果输气管道安放不好或直接置于地上，既容易弄脏或损坏，又容易造成事故。使用气鼓能够有效地解决此问题。气鼓所用软管，除了要有足够的内径外，还应具备耐压、防静电、结构坚固、不含硅等特点。

图1-3　快速接头

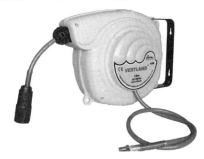

图1-4　气鼓和软管

（二）个人安全防护用品分类

个人安全防护用品，包括工作帽、防护眼镜、防尘口罩、耳塞、工作服、手套等。

（三）个人安全防护用品的作用

1. 工作帽

蓬松的长发很容易被运动的机器挂住而引发事故。如果头发比较长，工作时应该将其扎在脑后，或者塞到工作帽里（图1-5）。

2. 防护眼镜

当工作环境有损伤眼睛的风险时，就要戴上防护眼镜（图1-6）。防护眼镜的镜片要用安全玻璃制成，并且还要对眼部侧面进行防护。普通眼镜不能作为防护眼镜使用。佩戴防护眼镜，可以防止金属颗粒进入眼睛。

图1-5　工作帽

图1-6　防护眼镜

3. 防尘口罩

汽车维修经常在有毒化学气体环境中进行。不论是暴露在有毒气体中还是过量尘埃中,都要戴上呼吸器或防尘口罩(图1-7)。

4. 耳罩

在噪声级很高的场合停留时间过长,会导致听力丧失。在经常有噪声的环境里,应该戴上耳罩或耳塞(图1-8)。

图1-7　防尘口罩　　　　　　图1-8　耳罩

5. 工作服

工作服(图1-9),作业时穿着的服装不但要合适舒适,还要结实。宽松的服装很容易被运动的零件和机器挂住,也不要系领带,不要将工作服套在自己的衣服外面。

6. 手套

维修人员常常忽视对手的保护,戴手套不仅可以保护手,避免损伤手,防止通过手染上疾病,也可以使手保持干净(图1-10)。有多种不同的手套可供选戴,进行磨削、焊接作业或拿高温物件时,应该戴上厚手套;在处理强腐蚀性或危险性化学物品时,应该戴上聚亚安酯或维尼龙手套;戴上乳胶手套和丁腈橡胶手套可以防止油污沾到指甲上,以预防疾病。

7. 安全鞋

维修汽车时重物有可能意外掉落砸到脚上,所以要穿用皮革或类似材料做成的并具有防滑底的鞋或靴子即安全鞋(图1-11)。铁头安全鞋可以增强对脚的保护,运动鞋、休闲鞋和凉拖鞋都不适合在车间穿。

图1-9　工作服　　　　　图1-10　手套　　　　　图1-11　安全鞋

四、进行实践操作

(一) 设备及工具准备

防护装备：工作服、工作帽、防尘口罩、防护眼镜、手套、安全鞋。

(二) 规范佩戴个人安全防护用品

(1) 将防尘口罩从塑料袋中取出(图1-12)。

(2) 把有金属鼻夹的一方打开一定的角度，面向防尘口罩无鼻夹的一面，使金属鼻夹位于口罩上方(图1-13)。

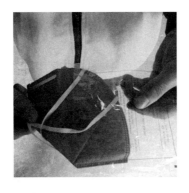 

图1-12　取出防尘口罩　　　图1-13　打开金属鼻夹

(3) 左手将防尘口罩抵住下巴，右手将下方头带拉过头顶，置于颈后耳朵下方(图1-14)。

(4) 右手将防尘口罩抵住下巴，左手将上方头带置于颈后耳朵上方；将双手手指置于金属鼻夹中部，从中间向两侧按照鼻梁形状向内按压，直至将其完全按压成鼻梁形状为止(图1-15)。

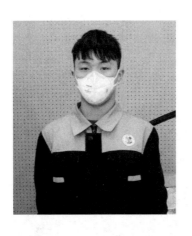 

图1-14　拉伸口罩松紧带　　　图1-15　完成佩戴

(5) 戴防护眼镜。防护眼镜戴前应仔细检查，须确认无变形和构件松动(图1-16)。

(6) 戴工作帽，并把头发盘在工作帽中(图1-17)。

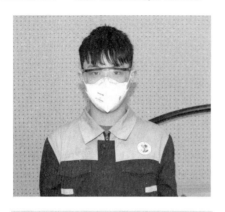
图1-16　戴防护眼镜

图1-17　戴工作帽

（7）戴耳塞（图1-18）。把手洗净,将耳塞的圆头部分搓细,一只手从头后部绕过,将外耳向后上方提起,另一只手将搓细的耳塞圆头部分缓慢旋转塞入耳中。

（8）穿好工作服（图1-19）。工作服应该较为宽松,系好袖口。

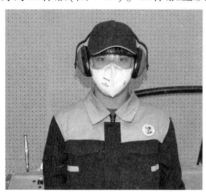
图1-18　戴耳塞

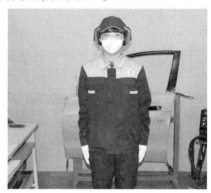
图1-19　工作服的着装要求

（9）戴手套,穿好安全鞋（图1-20）。安全鞋的前尖留有一定余量,鞋后跟与脚后跟不紧不松正好吻合,鞋面不能挤压脚背,腰窝与脚弓吻合。

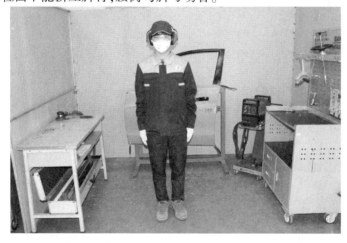
图1-20　个人防护用品穿戴整齐

五、评估学习效果

(一)判断题

1. 为保证维修人员的安全,必须要正确地穿戴车身钣金修复作业的防护用品。(   )
2. 进行车身修复过程中,需要用到手动工具、气动工具、电动工具。这些工具如果使用不当,会对身体造成伤害。(   )
3. 在车身钣金修复过程中,有很多粉尘、铁屑、挥发物等,如果只是短时间操作,为了节省时间,不需要佩戴防护用品。(   )
4. 在经常有噪声的环境里,应该戴上耳罩或耳塞。(   )
5. 安全鞋的前尖留有一定余量,鞋后跟与脚后跟不紧不松正好吻合,鞋面不能挤压脚背,腰窝与脚弓吻合。(   )
6. 戴耳塞时,将耳塞的圆头部分搓细,一只手从头后部绕过,将外耳向后上方提起,另一只手将搓细的耳塞快速塞入耳中。(   )

(二)选择题

1. 以下不是安全防护用品的是(   )。
   A. 五件套   B. 防护眼镜   C. 防尘口罩
2. 在研磨钣金的时候,(   )会伤害自己的身体。
   A. 噪声   B. 工具   C. 铁粉
3. 工作岗是整个供气系统最末端部分,一端与(   )、另一端借助供气软管与钣喷工具相连。
   A. 主管道连接   B. 主副道连接   C. 主侧道连接

六、学习成果展示

根据任务完成情况,学生按照个人防护用品穿戴技能考核标准(表1-1)自我评分,教师或指定组长过程巡视/验收检查时,发现问题时直接扣分,并在备注栏签名。

个人防护用品穿戴技能考核标准　　　　　　　　表1-1

序号	项目	操作内容	规定分	评分标准	得分
1	准备工作	检查和清洁防护用品	25分	(1)未检查防护用品扣5分; (2)未清洁防护用品扣2分	
2	穿戴防护用品	(1)戴工作帽; (2)戴防尘口罩; (3)戴防护眼镜; (4)戴耳塞; (5)戴手套; (6)穿工作服; (7)穿安全鞋	50分	(1)未正确穿戴,一次扣10分; (2)未按照穿戴步骤,一次扣5分	
3	结束	(1)清洁穿戴防护用品; (2)防护用品应摆放整齐	25分	(1)未清洁,扣1~3分; (2)未摆放整齐,扣1分	
	总分		100分		

任务2　汽车车身钣金焊接工作服正确穿戴

一、明确学习任务

(一)任务描述

汽车钣金维修作业是一项比较危险的工作。汽车修复过程是在一个有严格分区的空间进行的,因此正确地布置这个空间是非常重要的,在这个空间内进行车身钣金修复,为保证维修人员的安全,必须要正确地穿戴钣金作业的防护用品。

(二)任务分析

焊接属于特种作业工种,指对作业者本人,尤其是对作业者周围的人和设施,有重大危害的作业。如果作业者违反操作规程,极容易发生触电、引发火灾、发生爆炸事故,造成生命和财产的重大损失。

焊接过程中,接触到的是弧光照射和高温熔池,焊机接通的是高电压,焊接电线通过的是大电流。

焊接的过程中,焊工四周都存在着不确定的危险源。这些危险源都是可以人为有效规避的,可通过一定的安全教育,并落实到实际生产中。以安全为第一出发点,规范焊接生产作业,防患于未然。

钣金修复个人防护穿戴的注意事项如下:

(1)正确穿戴防护用品。

(2)培养学生安全操作意识。

二、制订学习目标

(一)知识目标

能描述个人安全防护用品的分类与作用。

(二)技能目标

(1)能够正确穿戴焊接防护用品。

(2)能够在安全防护下进行操作。

(三)职业素质目标

(1)培养学生安全操作意识。

(2)培养学生按照5S标准进行实践。

(3)培养学生团队协作和沟通能力。

三、准备理论知识

(一)焊接面罩

焊接面罩(图1-21)材料为防火PP,视窗尺寸为90mm×40mm,灵敏度和恢复时间可调节,响应速度为1/20000~1/30000s(明态到暗态),恢复时间为0.1~1s(暗态到明态)。采用不同的焊接方式应选用不同的标准遮光号,亮态时选用DIN4,暗态时选用DIN9-13(可调遮光号,适应不用环境条件中作业)。

(二)焊接手套

焊接手套(图1-22)是一种焊接工人作业用手套,耐火耐热,可为工人提供安全防护及作业舒适性,主要材质有牛二层皮、牛头层皮、猪皮、羊皮等天然皮革。其作用主要是隔热,耐磨,防止飞溅物烫伤,阻挡辐射,同时有一定的绝缘性能。

图1-21 焊接面罩

图1-22 焊接手套

(三)绝缘鞋

绝缘鞋的作用是使人体与地面绝缘,防止电流通过人体与大地之间构成通路,对人体造成电击伤害,把触电时的危险降低到最低程度。因为,触电时电流是经接触点通过人体流入地面的。它还防止试验电压范围内的跨步电压对人体的危害。所以,电气作业时不仅要戴绝缘手套,还要穿绝缘鞋。(图1-23)

(四)焊接工作服

焊接工作服(图1-24)是焊接工人作业时所穿的一种具有防护性能的服装。

通常电焊工是在高温、焊渣飞溅、高辐射等条件下作业,如果不正确佩戴防护用品,很容易对身体产生伤害。

焊接工作服材质:牛皮、帆布、阻燃布等。辅料:防火线、绝缘扣、加固锅钉等。

图1-23 绝缘鞋

图1-24 焊接工作服

四、进行实践操作

(一)设备及工具准备

防护装备:焊接工作服、焊接面罩、焊接手套、绝缘鞋。

(二)规范佩戴焊接防护用品

(1)穿好焊接工作服,并系好纽扣纽带,焊接工作服紧松要合适,以免影响焊接操作(图1-25)。

(2)穿好绝缘鞋及护腿板(图1-26)。绝缘鞋的前尖留有一定余量,鞋后跟与脚后跟应正好贴合,鞋面不能挤压脚背,腰窝与脚弓吻合。

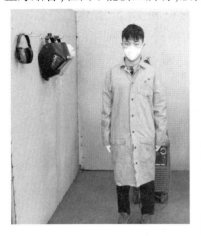
图1-25　穿好焊接工作服

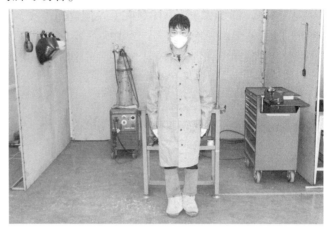
图1-26　穿好绝缘鞋及护腿

(3)戴焊接手套(图1-27)。

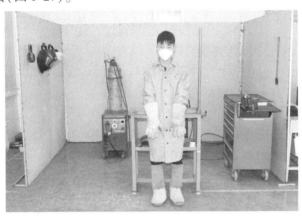
图1-27　戴焊接手套

(4)戴焊接面罩,调整焊接面罩遮光号在9~11号,并调整焊接面罩松紧带到合适紧度,调整面罩两边的松紧旋钮,以免焊接面罩自动掉下(图1-28)。

图1-28　调整遮光号

(5)穿好焊接服装后,进行焊接操作。

(6)操作完毕后,打扫工作台,进行5S管理。

五、评估学习效果

（一）判断题

1. 任何人发现有违反安全规程的情况,应立即上前制止,经纠正后才能恢复工作。（　　）

2. 电焊作业时会产生大量紫外线,长时间直接照射会导致眼睛结膜和角膜发炎(俗称电光性眼炎)。（　　）

（二）选择题

1. 电焊具有较大的职业危害,最多的职业危害因素为(　　)。
   A. 电焊烟尘、紫外线　　B. 弧光和化学品　　C. 电焊烟尘和木粉尘

2. 焊接时个人防护措施主要是穿戴好(　　),穿好绝缘鞋。
   A. 工作服　　　　B. 安全帽　　　　C. 绝缘手套　　D. 以上都是

3. 当发现有人触电时,首先应(　　)。
   A. 用手将触电者拉起　　B. 立即切断电源　　C. 立即进入人工呼吸抢救

4. 氩气瓶在金属平台上应垫木板,(　　),发生爆炸危险。
   A. 打滑　　　　　B. 碰撞　　　　　C. 防止带电

5. 施工场所必须备干砂、水源、消防栓、(　　)等。
   A. 灭火器　　　　B. 绝缘材料　　　C. 石棉板材

6. 焊接场所离易燃易爆品距离至少(　　)。
   A. 10m　　　　　B. 3m　　　　　　C. 8m

六、学习成果展示

根据任务完成情况,学生按照个人焊接用品穿戴技能考核标准(表1-2)自我评分,教师或指定组长过程巡视/验收检查时,发现问题时直接扣分,并在备注栏签名。

个人焊接用品穿戴技能考核标准　　表1-2

序号	项目	操作内容	规定分	评分标准	得分
1	准备工作	检查和清洁防护用品	25分	(1)未检查防护用品扣5分; (2)未清洁防护用品扣2分	
2	穿戴防护用品	(1)戴工作帽 (2)戴口罩 (3)戴焊接面罩 (4)戴耳塞 (5)戴焊接手套 (6)穿焊接工作服 (7)穿绝缘鞋	50分	(1)未正确穿戴,一次扣10分; (2)未正确按照穿戴步骤,一次扣5分	
3	结束	(1)清洁穿戴防护用品; (2)防护用品应摆放整齐	25分	(1)未清洁,扣1~3分; (2)未摆放整齐,扣1分	
		总分	100分		

项目二　汽车车身钣金修复工具的使用

本项目介绍汽车车身钣金修复工具的使用。根据钣金修复工具和使用难易程度的不同,对钣金工具进行分类。本项目分别为三个工作任务,分别是:车身维修手动钣金工具的使用;车身维修气动钣金工具的使用;车身维修电动钣金工具的使用。学生通过学习这三个工作任务,掌握汽车车身钣金修复工具使用的基本知识及技能。

任务1　车身维修手动钣金工具使用

一、明确学习任务

(一)任务描述

汽车车身钣金修复过程中需要大量手工操作,因此,正确使用钣金维修工具就显得非常重要。在车身面板的修复过程中,手工成形及修复是一项重要的任务。

(二)任务分析

一名专业车身维修技术人员,应有一套属于自己的工具,并在长期工作实践中形成自己独特的技能。在车身钣金修复中,最重要的就是熟练地运用自己的技能,完成高质量的修复。

对于车身板件的轻微变形,手工校正仍然是主要的校正方法。

手动钣金工具的使用注意事项如下:

(1)正确穿戴防护用品。
(2)能正确使用手动钣金工具。
(3)能使用手动钣金工具对轻微凹陷进行修复。
(4)安全操作。

二、制订学习目标

(一)知识目标

(1)能描述手动钣金工具的作用。
(2)能描述手动钣金工具的正确使用方法。

(二)技能目标

(1)能够正确穿戴个人安全防护用品。
(2)能够正确使用手动钣金工具。
(3)会利用手动钣金工具对凹陷进行修复。

(三)职业素质目标

(1)培养学生安全操作意识。
(2)培养学生按照5S标准进行实践。
(3)培养学生团队协作和沟通能力。

三、准备理论知识

(一) 划针的认识与使用

划针(图2-1)的作用是在板料上划线,用中碳钢或高碳钢制成,弯头划针用于直头划针划不到的地方。

图2-1 划针

划针长度约为120 mm,直径为4~6 mm。为了能使其在板料上划出清晰的标记线,划针尖端非常锐利,尖端角度一般在15°~20°,且具有耐磨性。

划线时,划针的尖端必须紧靠钢直尺或样板(图2-2),划针应朝向划线方向倾斜50°~70°,同时向外倾斜10°~20°,划线粗细不得超过0.5mm。

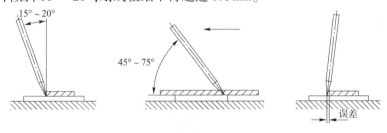

图2-2 划针的正确用法

(二) 划规的认识与使用

划规(图2-3)又称圆规、划卡、划线规等,在钳工划线工作中可以划圆和圆弧、等分线、等分角度以及量取尺寸等,是用来确定轴及孔的中心位置、划平行线的基本工具。一般用中碳钢或工具钢制成,两脚尖端部位经过淬硬并丸磨。钳工用的划规分为普通划规、扇形划规和长划规。

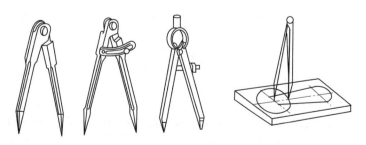

图2-3 划规

13

用划规划圆时（图2-4），作为旋转中心的一脚应施加较大的压力，而施加较轻的压力于另一脚在工件表面划线。

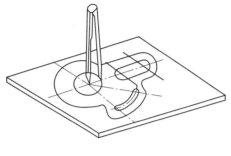

图2-4 划规的正确用法

划规两脚的长短应磨得稍有不同，且两脚合拢时脚尖应能靠紧，这样才能划出较小的圆。

为保证划出的线条清晰，划规的脚尖应保持尖锐。

(三) 样冲的认识与使用

样冲（图2-5）用于在工件所划加工线条上打样冲眼（冲点），作加强界限标志和作圆弧或钻孔时的定位中心。样冲用高碳钢制成，长度为 90～150mm，尖端磨成 30°～40°或 60°角两种，并经淬火处理。

冲眼的位置要准确，冲心不能偏离线条。冲眼间的距离要视划线的形状长短而定，直线上可稀，曲线则稍密，转折交叉点处需冲眼。冲眼的大小要根据工件材料表面情况而定，薄的应浅些，厚的可深些，软的应轻些，而精加工表面禁止冲眼。孔中心处的冲眼最好打得大些以便钻孔时钻头容易对准圆心。

应斜看靠近冲眼部位，冲眼时冲尖对准划线的交叉点或划线，敲击前要扶直样冲（图2-6）。

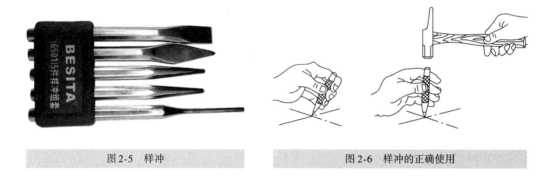

图2-5 样冲　　　　　　图2-6 样冲的正确使用

(四) 车身钣金锤

汽车钣金维修作业的手动工具包括扳手、螺丝刀、钳子等通用工具，它们可用于拆卸零件、翼子板、车门和总成。手动工具还包括车身修复的专用工具，如钣金锤、垫铁、匙形铁、撬棍等。

(1) 球头锤（图2-7）。球头锤是一种对所有钣金作业都可使用的多用途工具。它用于校正弯曲的基础构件、修平部件和钣金件粗成形阶段。球头锤的质量应在290～450g。

(2) 铁锤（图2-8）。它是用于修整较厚的钣金件，使之大致回到原形，此类铁锤的手柄较短，适用于空间较小的钣金作业使用。

(3) 橡胶锤（图2-9）。用橡胶锤轻轻地锤击不会损坏漆面。橡胶锤主要用于修整表面微小凹陷，而不损坏表面的光泽。它经常与吸盘配合用于"塌陷型"的凹陷上，当用吸盘将凹陷拉上来时，用橡胶锤围绕着高点进行圆周轻打，使高点落下及低部位弹回到原来平面。

图2-7 球头锤　　图2-8 铁锤　　图2-9 橡胶锤

(4)镐锤(图2-10)。镐锤又称"尖嘴锤""鹤嘴锤",一端锤头细长、呈鹤嘴状,用于精细修复外板上的小凸起。镐锤是专门维修小凹陷用的工具,它的尖顶用于将凹陷敲出,其平端头与顶铁配合作业可以去除微小的凸点和波纹。

(5)重头锤(图2-11)。重头锤又称冲击锤,它一头为圆形,另一头为方形。这种锤顶面大,打击力分布在较大的面积上,用于凹陷板面的初步校正,或内部板件和加强部位的加工,这种场合需要较大的力而不要求光洁表面。

图2-10 镐锤　　图2-11 重头锤

(6)收缩锤(图2-12)。带有锯齿面或交错缝槽面的精修锤称为收缩锤,适用于表面收缩作业,以便修整被过度捶打而产生的延伸变形。

(7)木槌(图2-13)。轻质木质锤头,在外板整平时可有效抑制金属延展。

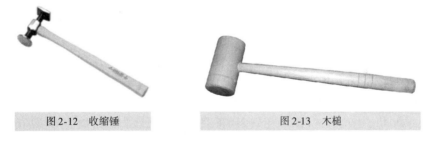

图2-12 收缩锤　　图2-13 木槌

(五)车身顶铁

顶铁又称垫铁或衬铁,是一种手持的铁砧,用高强度钢制成,通常与钣金锤配合进行钣金修理作业。

1. 顶铁的种类

常用的顶铁有通用顶铁、足跟顶铁、足尖形顶铁、楔形顶铁等。各种形状的顶铁适用于车身表面特定形状的凹陷或外形的修整。各种顶铁如图2-14所示。

楔形顶铁(图2-14a),用来在柱杆顶部和宽的挡泥板凸缘上生成拱起,也可以用来加工与支架或其他车身内部构件形成一个封闭结构的板件,还可以在柱杆顶部粗加工出一些小的凹痕,特别是在顶盖梁和横杆的后部,以及在车身其他地方生成皱褶等。

通用顶铁又称万能顶铁(图2-14b),可以用来粗加工挡泥板的拱起部位和车身相同形状的表面,校正挡泥板凸缘、装饰条和轮缘、修正焊接区。

足尖形顶铁(图2-14c),是一种组合平面顶铁,用来收缩车门板、挡泥板裙板、柱杆顶部和汽车各种盖板,也可以用来在挡泥板的底部形成卷边和凸缘,该顶铁的一个面非常平而另外一面微微拱起,特别适合于加工还没有精加工的金属板件。

足跟形顶铁(图2-14d),用来在板件上形成较大形状的凸起,校直高拱起或低拱起的金属板、长形结构件和平面板件。

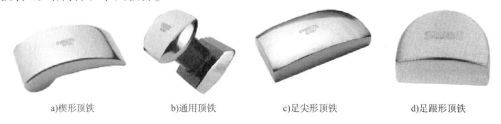

a)楔形顶铁　　b)通用顶铁　　c)足尖形顶铁　　d)足跟形顶铁

图2-14　各种顶铁

2. 车身钣金锤和顶铁的使用

用顶铁法修理板件时可分为正托和偏托两种方式。

偏托是指直接用顶铁抵住最大凹陷处,使用木槌或尼龙锤敲击凹陷周围产生的隆起变形,即"深入浅出"地敲凹凸变形。用偏托修整平面,一般不会造成板件伸展,因为顶铁击打的是板料正面的凹处,而锤子击打的则是板料正面的鼓凸部位,如图2-15a)所示。

当局部凹凸变形被修平至一定程度时,应改用正托进一步敲平。正托是指将顶铁直接顶在板料背面不平的位置上,同时用锤子在顶铁位置正面敲平。由于锤子的敲击作用会使顶铁发生轻度回弹,在锤子敲击的同时顶铁也将同时击打板料,所以顶铁垫靠得越紧,则展平的效果越好,如图2-15b)所示。

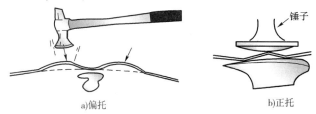

a)偏托　　b)正托

图2-15　顶铁法修

顶铁法敲平的工序如图2-16所示,所用顶铁的端面形状与被修板件形状必须吻合。

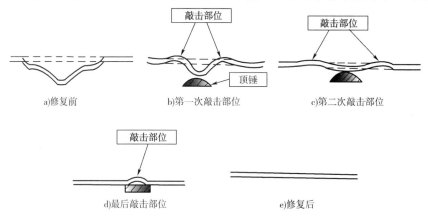

a)修复前　　b)第一次敲击部位　　c)第二次敲击部位

d)最后敲击部位　　e)修复后

图2-16　顶铁法敲平的工序

(六)撬棍

利用撬棍穿过车身固有的洞口,可以对车门侧板的凹点进行撬击,以消除凹陷,如图2-17所示。

(七)匙形铁

匙形铁是车身维修的特殊工具,主要用于抛光金属表面,所以又称为修平刀。匙形铁有很多种形状和尺寸,可以满足各种不同形状车身板件维修的需要,它的工作面一般有平面形、弧形和双钩形三种。各种匙形铁如图2-18所示。

将匙形铁紧贴待修表面,再锤击匙形铁,对表面某些微小、划伤部位恢复原状特别有效,如图2-19所示。

图2-17 各种撬棍

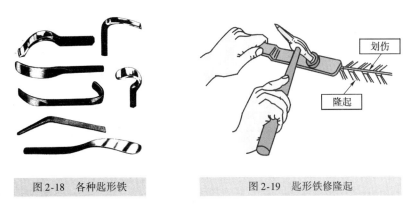

图2-18 各种匙形铁　　　　图2-19 匙形铁修隆起

不同的匙形铁可与不同的面板形状匹配使用。当面板背面的空间有限时,匙形铁也可当作顶铁使用,如图2-20所示。

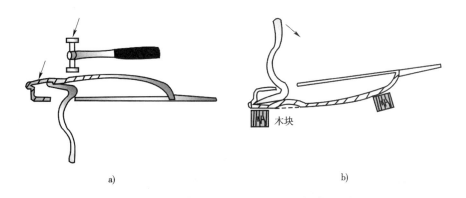

图2-20 匙形铁当作顶铁使用

(八)凹陷拉拔工具

1. 凹陷拉拔器

凹陷拉拔器,通常带一个螺纹尖头和一个勾尖,一般情况下要求在皱褶处钻出或冲出一个或多个孔。拉拔时将螺纹尖头拧入所钻孔,用滑锤轻轻敲打手柄,慢慢把凹陷拉平,如图2-21所示。

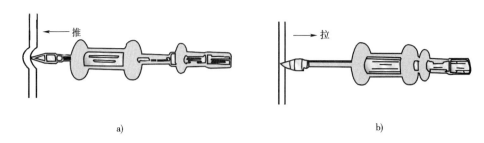

图 2-21　凹陷拉拔器的使用

2. 拉拔杆

拉拔杆有一个弯曲的头,同凹陷拉拔器一样,把它插进钻出的孔里,用一根拉拔杆即可把较小的凹陷或皱褶拉平,而要拉平较大的凹陷,就要同时多根拉拔杆。拉拔杆可与钣金锤一起使用,同时敲击和拉拔使车身板件恢复到原来的形状,而造成金属延展的危险较小,如图 2-22 所示。

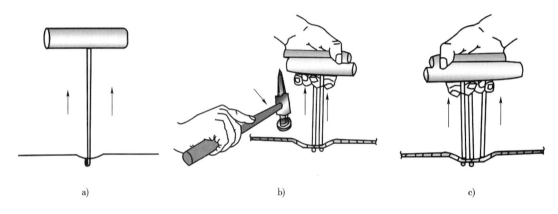

图 2-22　拉拔杆

(九) 其他手动工具

1. 铆枪

铆接是车身修理作业不可缺少的工艺。用弹射铆钉枪进行铆接是十分方便的。图 2-23 所示为电动抽芯铆枪。

图 2-24 所示为铆接过程示意图。先将铆钉组件插入被连接件的通孔中,用铆钉器将外伸之铆钉杆拉断,铆接即告成功。

2. 装饰拆卸工具

图 2-25 所示为装饰件及连接件拆卸专用工具。尖叉形状的撬起工具可以撬起装潢小钉、弹簧、夹子和其他装饰固定性。

3. 夹具

在钣金维修中对板件折边、焊接等作业,需用到各种夹具,如大力钳、C 形夹具等(图 2-26)。特别是大力钳,又称虎钳扳手,可以非常迅速地夹持钣金件,其有许多种形式,可选择使用。

图 2-23　电动抽芯铆枪

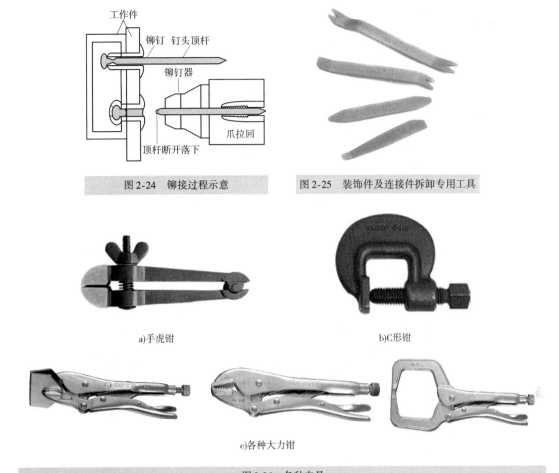

图 2-24 铆接过程示意

图 2-25 装饰件及连接件拆卸专用工具

a)手虎钳　　b)C形钳

c)各种大力钳

图 2-26 各种夹具

四、进行实践操作

(一)设备及工具准备

(1)防护装备:工作服;工作帽;防尘口罩;防护眼镜;手套;安全鞋。

(2)手工工具:钣金锤套装、车身锉刀。

(3)测量工具:钢直尺。

(4)材料:变形板件,记号笔。

(二)利用手动钣金工具对板件凹陷进行修复

(1)穿戴个人防护用品。

(2)钣金锤的准备(图 2-27),擦净锤面及手柄上的油污,检查手柄是否松动。

(3)顶铁的准备。检查顶铁的工作面是否光滑、干净,是否存在油污、涂料以及毛刺,如有,则要进行打磨抛光(图 2-28)。

(4)将板件用抹布抹干净,用钢直尺或直角尺判断出板件变形的位置和范围,用油性笔画出标记(图 2-29)。

(5)选择合适弧度的顶铁(图 2-30),将顶铁放在稍偏于锤击处,锤击点为凹凸不平表面的较高部位,顶铁位于较低部位。

图2-27 检查钣金锤

图2-28 打磨钣金锤表面

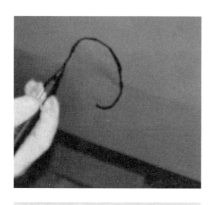
图2-29 检查板件凹陷程度

图2-30 选择合适的顶铁

(6)用手轻松握住钣金锤手柄的端部(相当于手柄全长的1/4位置),握锤时锤柄下面的食指和中指应适当放松,小指和无名指应相对紧一些,使之形成一个比较灵活的转轴。用手腕摇动的方法轻轻敲击车身构件表面,并利用钣金锤敲击零件时产生的回弹力作圆圈运动,如图2-31所示。

图2-31 钣金锤的使用

(7)敲击工件时,眼睛注视工件,找准捶击落点,遵循"先大后小、先强后弱"的原则,从变形较大处顺序敲打,保证锤头以平面落在金属表面上,注意钣金件的结构强度,有序排列钣金锤的落点。

(8)利用偏拖(图2-32)方式进行粗校正。钣金锤的敲击逐渐将凸起部分的端部向下压,顶铁的压力使凹陷部分趋于平整。钣金锤与工件的敲击角度呈90°,敲击点为钣金锤面的中央,以上下垂直的方向进行敲击,敲击后工件表面要留下平正均匀的敲击记号。

(9)进行粗校正后,利用正托(图2-33)的方式进行校正。使钣金锤与顶铁中心对正,然后进行敲击修整,握锤的手不宜过于紧握,以手腕的力敲击,敲击的速度以80~100次/min为宜。

(10)敲平后用镐锤对小凹坑进行修复,然后用钢直尺测量,与原板件轮廓误差不大于1mm。

图 2-32　偏拖敲击法　　　　　　图 2-33　精修板件

（11）用车身锉刀检查（图 2-34）敲平的板件，如果修复达不到修复要求，继续进行正托方式进行修整，直到板件修复质量达到要求。

（12）修复完成后，收拾工具设备，清洁场地，如图 2-35 所示。

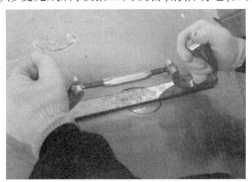 

图 2-34　车身锉刀检查修复情况　　　　图 2-35　清洁场地

五、评估学习效果

（一）判断题

1. 划针尖端非常锐利，尖端角度一般在 15°～20°，且具有耐磨性。　　　　（　　）
2. 划线时，划针的尖端必须紧靠钢直尺或样板，划针应朝向划线方向倾斜 50°～70°，同时向外倾斜 10°～20°。　　（　　）
3. 应斜看靠近冲眼部位，冲眼时冲尖对准划线的交叉点或划线，敲击前要扶直样冲。　　（　　）
4. 常用的顶铁有通用顶铁、足跟顶铁、足尖形顶铁、楔形顶铁等。　　（　　）

（二）选择题

1. 板件变形后，在弯曲部位强度会（　　）。

　　A. 增强　　　　　　B. 不变　　　　　　C. 下降

2. （　　）会使钢板产生拉伸。

　　A. 铁锤不在垫铁上轻敲　　　　　　B. 铁锤不在垫铁上重敲

　　C. 铁锤在垫铁上重敲

3. 用钣金锤敲击时,发力部位是( )。
   A. 手指　　　　B. 手腕　　　　C. 手臂
4. 使用钣金锤敲打时应垂直敲击,两个落点的距离最好是( )mm。
   A. 5　　　　　B. 10　　　　　C. 20
5. 铁锤在垫铁上的敲击法可以修理( )损伤。
   A. 小的凹陷　　B. 大的凸起　　C. 板件上的拉伸区

六、学习成果展示

根据任务完成情况,学生按照手动钣金工具对板件凹陷进行修复技能考核标准(表2-1)自我评分,教师或指定组长过程巡视/验收检查时,发现问题时直接扣分,并在备注栏签名。

手动钣金工具对板件凹陷进行修复技能考核标准　　　　表2-1

序号	项目	操作内容	规定分	评分标准	得分
1	着装安全防护	工作服、工作帽、安全鞋、防尘口罩、耳塞、防护眼镜、棉纱手套	14分	(1)整个过程中需要佩戴;(2)不符合规定不得分	
2	工具设备使用	钣金锤的使用	8分	不正确使用钣金锤不得分	
		顶铁的使用	8分	不正确使用顶铁不得分	
3	工作安全	人员安全	5分	操作过程中人员跌倒、跪地、不安全因素不得分	
		不正确的操作姿势	5分		
4	修复质量	用布清洁板件	2分	未进行该操作不得分	
		损伤区域判断	5分	判断方法不正确不得分	
		损伤区域标记	5分	标记方法不正确不得分	
		修复后的形状	5分	修复后的形状与规定形状不符合不得分	
		修复后损伤区域外观	20分	凹陷部位修复后高度低于原表面,差值≤1mm,超过范围扣10分,凹陷部位修复后高度高于原表面扣10分	
		修复后损伤位置钢板的强度	12分	钢板表面有延伸现象扣12分,钢板表面有凹坑或穿孔一个扣6分,多则累计,最多扣12分	
5	结束	工具设备防护用品整理	6分	不做或不符合规定不得分	
		工作场地清洁	5分		
		总分	100分		

任务2　车身维修气动钣金工具使用

一、明确学习任务

(一)任务描述

在车身板件凹陷进行修复,需要对此凹陷进行打磨除去旧漆旧锈,现按照标准流程用气动钣金工具对板件进行打磨。

(二) 任务分析

本任务介绍汽车车身修复气动工具的认识与使用。气动工具在车身修复各个过程中都有使用。

汽车车身修复气动工具的使用分为吹尘枪的使用、气动圆盘除漆除锈机的使用、自吸尘打磨机的使用、气动砂带机的使用。通过四种气动工具的学习,掌握汽车车身修复气动工具的正确使用。

车身修复气动工具的使用注意事项如下:
(1) 正确穿戴防护用品。
(2) 正确使用气动钣金工具。
(3) 正确使用气动钣金工具对凹陷进行除漆除锈。
(4) 安全操作。

二、制订学习目标

(一) 知识目标
(1) 能描述车身修复气动工具的类型。
(2) 能描述车身修复气动工具的使用方法。

(二) 技能目标
(1) 能正确使用车身修复气动工具。
(2) 能正确进行板件凹陷旧漆的打磨。

(三) 职业素质目标
(1) 培养学生安全操作意识。
(2) 培养学生按照 5S 标准进行实践。
(3) 培养学生团队协作和沟通能力。

三、准备理论知识

(一) 吹尘枪及其使用

吹尘枪(图 2-36)主要用于维修时的除尘工作,最适合使用在一些手接触不到的比较狭窄、高处的清洁工作。气动吹尘枪是利用空气放大的原理,有效地减少压缩空气的消耗量,从而产生强大和精确的气流,并带动周围空气一起工作。

图 2-36 吹尘枪

吹尘枪使用注意事项:操作前必须按照操作说明书安装使用。保持吹尘枪的干净,无油和无积灰。定期对吹尘枪进行清洁工作,防止大量其他物体积淀在吹尘枪的零部件上面。不能在含有易燃性气体和大量粉尘的环境中使用。使用时气孔不能正对人的面部等。非专业人员不能擅自进行修理。

(二)气动盘式打磨机使用

气动盘式打磨机的正确打磨方法:应使砂轮片的1/3表面与被加工表面接触,其研磨效果最好。因为砂轮片与研磨面接触角度过大时,则砂轮片仅有小部分与金属板发生强力研削,将留下粗糙的加工面;当砂轮片与研磨面平行接触时,又会因研磨阻力大而造成动作不稳,将留下凹凸不平的加工面。

步骤1:安装砂轮片,砂轮片的正确安装如图2-37所示。

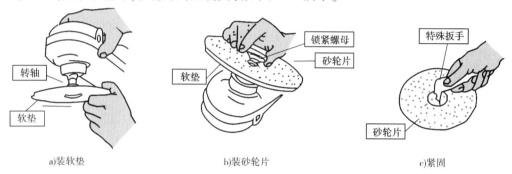

图2-37 砂轮片的安装

步骤2:右手抓住前面把手,左手抓住后面把手,启动开关。

步骤3:在金属表面开始打磨。

步骤4:砂轮片经研磨作业而使其外侧磨料逐渐脱落,脱落后可采用适当方法去除外侧磨损部分,减小砂轮片的尺寸后继续使用。此外,在研磨小的凹坑或带孔部位时,可使砂轮片沿八角形轨迹运动,正确操作方法如图2-38所示。

图2-38 正确的打磨方法

(三)气动自吸尘打磨机

气动自吸尘打磨机(图2-39)一般用于金属磨削和腻子层的打磨等工作。多种外形结构,适合各种角度操作,体积小,转速高,研磨效率高,噪声低,振动小,具有强力的吸尘效果,长时间使用不疲劳。

打磨机的使用方法。

(1)使用时,先把打磨片在打磨盘上粘贴固定好,右手握稳偏心打磨机开关把柄,拇指控制开关,左手握紧偏心打磨机上部圆形头。

(2)把偏心移至打磨处,要使打磨片与修复面紧密贴合,然后左手用适当力压紧,作用力主要产生在偏心打磨机打磨盘外沿上。

(3)按下开关,使打磨机在需要打磨区域内移动。打磨片要在与打磨面贴合状态下转动。

(4)偏心打磨完毕后,先放开开关,偏心完全停止转动,然后使偏心与打磨面脱离开。

(四)气动砂带机

气动砂带机(图2-40)主要用于狭小复杂、难进入部位的研磨,适合小角度、死角处研磨。优点是有较大的磨削能力,速度快、操作方便,可完美解决狭小不易研磨面的打磨,操作容易。

图2-39 气动自吸尘打磨机

图2-40 气动砂带机

气动砂带机使用时箭头应朝向上面,否则磨削下来的微粒会飞向操作者的面部。砂带容易失效,失效时需要更换砂带(图2-41),更换步骤如下:

步骤1:向后挤压打磨头,如图2-41a)所示。

步骤2:松下旧砂带并换上新砂带,如图2-41b)所示。

步骤3:压下打磨头上固紧弹簧,如图2-41c)所示。

a)　　　　　　　　　　　　b)　　　　　　　　　　　　c)

图2-41 砂带的更换

(五)其他气动工具

1. 气动锯和气动剪

气动锯(图2-42)和气动剪(图2-43)两者都用于切割板件。

2. 气动砂轮

气动砂轮(图2-44)用于粗磨金属表面或者切割板件。

3. 气动锉

气动锉(图2-45)用于精加工车身板件切割后要对接的位置。

4. 气动錾

气动錾(图2-46)又称气动凿,用于分离、切割钣金件和其他工作。

图 2-42　气动锯　　　　　图 2-43　气动剪　　　　　图 2-44　气动砂轮

5. 气动打孔机

气动打孔机(图 2-47)用于在车身钣金件更换时,在新板件上打塞焊孔。

图 2-45　气动锉　　　　　图 2-46　气动錾　　　　　图 2-47　气动打孔机

四、进行实践操作

(一)设备及工具准备

(1)防护装备:工作服;工作帽;防尘口罩;防护眼镜;手套;安全鞋。
(2)气动工具:吹尘枪、气动圆盘除漆除锈机、气动打磨机、砂带机。
(3)材料:变形板件、划线笔、直尺。

(二)气动钣金工具的使用

(1)佩戴个人防护用品。
(2)进行损伤范围评估(图 2-48)。从各个方向用手触摸工件需要修复的表面,将注意力集中到手掌上,如果是大范围触摸未损伤和损伤区域,可以更容易感觉到不平的表面。
(3)评估板件损伤程度(图 2-49)。将直尺置于工件需要修复的表面,比较未损伤部位和损伤部位与直尺之间的间隙。

 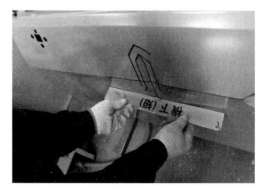

图 2-48　评估损伤范围　　　　　　　　　图 2-49　评估板件损伤程度

(4)用画线笔做好标记,画出损伤区域(图 2-50)。
(5)安装气动圆盘除漆除锈机。

(6)检查气动圆盘除漆除锈机杯轮是否安装紧固,将气动圆盘除漆除锈机与气源接头连接,慢慢打开气源开关,看杯轮转动是否正常可靠,如图2-51所示。

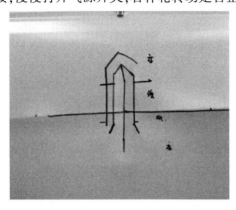

图2-50 画出损伤区域　　　　　　　　图2-51 检查打磨机

(7)将损伤区的旧漆膜去除(图2-52),打磨时杯轮与工件的接触角度控制在5°~10°,按压的力不能太大,否则会损伤镀锌层。

(8)根据画线指示,先将临界边缘的旧漆膜去除,再将中间的旧漆膜去除。

(9)用吹尘枪吹去打磨微粒(图2-53),使用前先检查吹尘枪,再按下快速接头,安装吹尘枪。

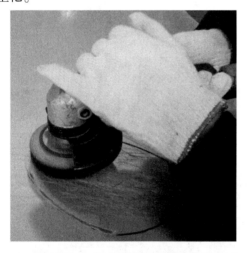

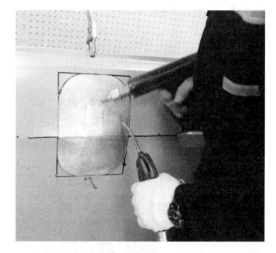

图2-52 打磨旧漆　　　　　　　　图2-53 使用吹尘枪

(10)选择气动打磨机进行羽状边的打磨。选择P80、P120、P180、P240砂纸进行打磨(图2-54)。安装砂纸是要把砂纸贴在打磨头的托盘上,砂纸的孔要与打磨头托盘上的吸尘孔对齐。

(11)打磨过程中,时刻控制打磨头与工件的角度,用力要均匀,沿着边缘从一边打磨到另一边(图2-55)。

(12)检查打磨效果(图2-56),打磨后用手从各个方向检查过渡是否平滑,如果不平滑要继续打磨。

(13)如果遇到棱线和边角等不好打磨时,选用砂带机对板件进行打磨,如图2-57所示。

图 2-54 安装打磨砂纸

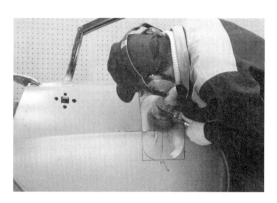
图 2-55 用砂纸打磨板件

图 2-56 检查打磨效果

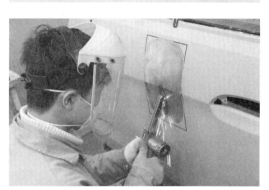
图 2-57 砂带机打磨

（14）打磨完成后，进行吹尘，如图 2-58 所示。

图 2-58 吹尘

（15）最终打磨完成，收拾工具设备，进行场地清洁。

五、评估学习效果

(一) 判断题

1．吹尘枪主要用于维修时的除尘工作，最适合使用在一些手接触不到的比较狭窄、高处的清洁工作。　　　　　　　　　　　　　　　　　　　　　　　　　　　　　　（　　）

2. 气动打磨机的正确打磨方法:应使砂轮片的1/3表面与被加工表面接触,其研磨效果最好。（　　）
3. 气动自吸尘打磨机一般用于金属磨削和腻子层的打磨等工作。（　　）
4. 气动砂带机主要用于狭小复杂、难进入部位的研磨,适合小角度、死角处研磨。
（　　）

(二)选择题
1. 车身维修车间所使用的压缩空气的压力是(　　)MPa。
　　A. 0.4~0.8　　　　　B. 0.5~0.8　　　　　C. 0.3~0.8
2. 电阻点焊机焊接时的电流为(　　)。
　　A. 30~40A　　　　　B. 20~30A　　　　　C. 10~30A
3. 使用有2500r/min 标记的砂轮时,砂轮转速(　　)r/min。
　　A. 可以高于2500　　B. 必须为2500　　　C. 必须低于2500

六、学习成果展示

根据任务完成情况,学生按照气动钣金工具对板件凹陷修复技能考核标准(表2-2)自我评分,教师或指定组长过程巡视/验收检查时,发现问题时直接扣分,并在备注栏签名。

气动钣金工具对板件凹陷修复技能考核标准　　　　表2-2

序号	项目	操作内容	规定分	评分标准	得分
1	着装安全防护	工作服、工作帽、安全鞋、防尘口罩、耳塞、防护眼镜、棉纱手套	15分	(1)整个过程中需要佩戴; (2)不符合规定不得分	
2	工具设备使用	吹尘枪的使用	8分	不正确使用不得分	
		气动圆盘除漆除锈机的使用	15分	不正确使用不得分	
		气动打磨机的使用	15分	不正确使用不得分	
		砂带机的使用	10分	不正确使用不得分	
3	工作安全	人员安全	5分	操作过程中有不安全因素不得分	
		正确的操作	15分		
4	结束	工具设备防护用品整理	10分	不做或不符合规定不得分	
		工作场地清洁	5分		
		总分	100分		

任务3　车身维修电动钣金工具使用

一、明确学习任务

(一)任务描述

某车主在某小区行车时不小心把车身板件撞凹并严重损伤漆面且有破裂,车主到汽修厂进行修复,你接到这辆车后,使用外形修复机和二氧化碳气体保护焊对损伤板件进行修复。

(二)任务分析

多功能钣金修复机又称外形修复机,其工作原理是利用垫圈熔焊焊机,扣动扳机后瞬间在焊片和板件间通以大电流,将各种不同类型的焊片焊接在钢板的凹陷部位,然后利用整形架和滑锤将凹陷拉出。

修复机上的焊枪可以通过外接不同的焊接工具从而实现单面点焊、焊接圆环形介子、钥匙形焊片、蛇形焊条等功能。很容易将板件受损部位进行拉、拔、修、补、回火等整形操作。外形修复机主要附件有圆环型焊片、钥匙型焊片、三角形焊片、蛇形条、焊片焊头、滑锤和碳棒。

在修复车身板件之前,维修技术人员应该对车身板件的材料及其性质进行了解,并对车身板件的损伤进行分析,然后针对板件不同的损伤类型,选用不同的修复方法进行高修复。

车门板凹陷修复的注意事项如下:
(1)正确穿戴防护用品。
(2)掌握车门板的凹陷类型分析方法。
(3)掌握外形修复机的使用操作规范。
(4)对车身门板进行高质量的修复。
(5)安全操作。

二、制订学习目标

(一)知识目标
(1)能描述车门板件凹陷的类型。
(2)能描述金属板件的收缩方法。
(3)能描述车门板件修复的流程。

(二)技能目标
(1)能够正确分析车门板件的凹陷。
(2)能够利用钣金工具完成车门凹陷的修复。

(三)职业素质目标
(1)培养学生安全操作意识。
(2)培养学生按照5S标准进行实践。
(3)培养学生团队协作和沟通能力。

三、准备理论知识

(一)外形修复机结构

对车身钣金上不容易使用手工工具进行操作时,可用具有电流调整性能的外形修复机(图2-59),它可以很轻松地把板件上的凹陷拉出来。外形修复机可以对焊接垫圈、焊钉、螺柱、星形焊片等进行拉伸操作,还可以使用铜触头和碳棒进行收火操作。

圆环形介子主要针对钣件受损程度较轻、凹陷不深的情况下使用;钥匙形焊拉片主要针对受损钣件的线条或边缘,凹陷较深的情况;蛇形焊拉条主要针对钣件凹陷较浅的线型损伤;三角介子主要用于大整形后的微修复,配合拉拔滑锤使用;碳棒可对板件进行加热、缩火作业。

(二)二氧化碳气体保护焊

1.二保焊焊接设备

二氧化碳气体保护焊焊接设备主要由气源、送丝机构、焊丝、焊机电源、搭铁装置、焊枪、控制面板组成,如图2-60所示。

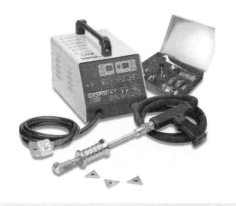
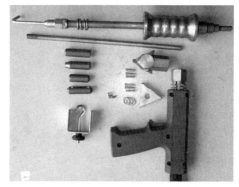

图 2-59 外形修复机结构

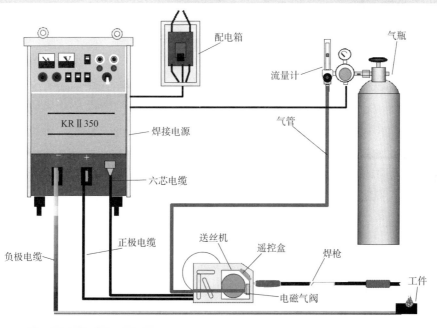

图 2-60 二氧化碳气体保护焊焊机组成

1)带有流速调节器的保护 X 气源(图 2-61)

(1)气瓶。CO_2 气瓶用于储存液态 CO_2，CO_2 气瓶外表涂铝白色，并写有黑色"液态二氧化碳"字样，瓶装压力为 5~7MPa，如图 2-62所示。

(2)预热器如图 2-63 所示。由于液态 CO_2 转变成气态时，将吸收大量的热，再经减压后，气体体积膨胀，也会使温度下降。为防止管路冻结，在减压之前要将 CO_2 气体通过预热器进行预热。预热器一般采用电阻加热式，采用 36V 交流供电，功率为 100~150W。

(3)减压阀，将高压 CO_2 气体变成压力为 0.1~0.2MPa 的低压气体。

图 2-61 带有流速调节器的保护气源
A-流量计；B-调节阀；C-压力表；D-电磁阀(加热器)

(4) 气体流量计,用来调节气体流量的大小,常用转子流量计,但其刻度是用空气作为介质,若通过气体为 CO_2 气体,浮子材料为纯铝。

图 2-62　液态 CO_2 气瓶

图 2-63　带预热器的 CO_2 减压流量计

2) 送丝机构

CO_2 半自动焊在国内外的应用十分广泛。根据焊丝直径及施工要求,CO_2 焊送丝机通常有三种形式:推丝式、拉丝式和推拉丝式。

下面主要介绍推丝式送丝方式,推丝式主要用于直径为 0.8～2.0mm 的焊丝,它是应用最广的一种送丝方式。

推丝机是应用最广的送丝机,送丝电动机、送丝滚轮、矫直机构、焊丝盘和插孔等都装在薄铁板压制的机架上,送丝机核心部分的结构如图 2-64 所示。

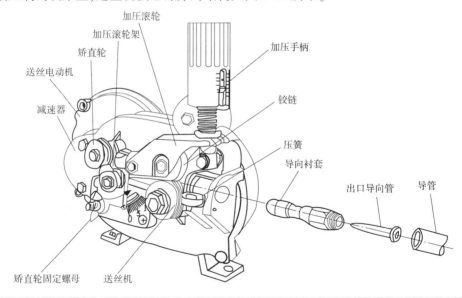
图 2-64　送丝机构

3) 焊丝

二氧化碳气体保护焊焊丝(图 2-65)既是填充金属又是电极,所以焊丝既要保证一定的化学成分和力学性能,又要保证具有良好的导电性和工艺性能。

焊丝的直径常用的有 0.6mm、0.8mm、1.0mm、1.2mm,为了提高导电性能及防止焊丝表面生锈,一般在焊丝表面采用镀铜工艺,要求镀层均匀,附着力强,总含铜量不得大于 0.35%。

4）焊枪

二氧化碳气体保护焊中,执行焊接的部分称为焊枪,它的作用是将焊丝引导至焊接部位并喷出保护气,如图2-66所示。

5）控制面板

控制系统由焊接参数控制系统和焊接过程程序控制系统组成。焊接参数控制系统主要包括：焊接电源输出调节系统、送丝速度调节系统和气流量调节系统。它们的作用是在焊前或焊接过程中调节焊接电流或电压、送丝速度、焊接速度和气流量的大小,还具有点焊和脉冲点焊功能,如图2-67所示。

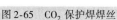

图2-65 CO_2 保护焊焊丝

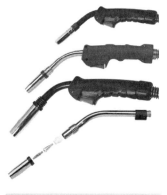

图2-66 鹅颈式焊枪

图2-67 焊机控制面板

6）焊机电源

把220V或380V的电压变为10V左右的低电压,同时把电流变大。焊接电压要求稳定,电源要稳压,否则会影响焊接质量。

7）电缆和搭铁线

焊接部位与搭铁线连接形成电流回路。

2. 二氧化碳气体保护焊焊接参数的调整

二氧化碳气体保护焊的规范参数主要有：焊接电流、电弧电压、导电嘴到工件距离、保护气流量、焊接速度、送丝速度、焊枪喷嘴的调整、电源极性调整。选择这些参数的原则是要在保证焊接质量的前提下,尽可能提高劳动生产率,并要注意焊接规范参数对飞溅、气孔、焊缝形成及焊接过程稳定性的影响。

1）焊接电流的确定（表2-3）

焊接电流直接影响焊件母材的熔透深度、熔丝的熔化速度、电弧的稳定性和飞溅量。随着焊接板件厚度的增加,焊丝直径和焊接电流也应相应加大。

焊接电流与焊丝直径和焊件厚度的关系　　　　表2-3

焊丝直径（mm）	金属板厚（mm）						
	0.6	0.80	1.0	1.2	1.4	1.6	1.8
0.6	20~30A	30~40A	40~50A	50~60A	—	—	—
0.8	—	—	40~50A	50~60A	60~90A	100~120A	
1.0	—	—	—	—	60~90A	100~120A	120~150A

2）电弧电压（表2-4）

电弧电压是指从导电嘴端部到焊件之间的电压,主要根据焊接电流、焊丝直径等参数来选择。电弧电压必须与焊接电流配合恰当,如图 2-68 所示。当电弧电压增大时,则焊缝宽度相应增大,加强高和熔深减小;反之,当电弧电压减小时,则焊缝宽度相应减小,加强高和熔深增大。

电弧电压的选择 表 2-4

焊丝直径(mm)	电弧电压(V)	焊接电流(A)
0.6	18~20	50~60
0.8	18~21	50~100
1.0	18~22	70~120

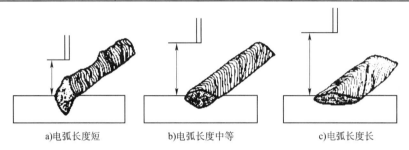

a) 电弧长度短 b) 电弧长度中等 c) 电弧长度长

图 2-68 不同焊接电压的焊接效果

电弧电压的选择与焊丝直径及焊接电流有关,它们之间存在着协调匹配的关系。

3) 焊接速度(表 2-5)

根据焊接电流、电弧电压、焊缝截面尺寸等参数来选择。焊接速度过高时,不但气体保护效果容易遭到破坏,焊缝成形不良,而且还使焊缝冷却太快降低焊缝的塑性和韧性。焊接速度过慢,容易造成焊缝烧穿或形成粗大的焊缝组织。

焊接速度调节 表 2-5

板件厚度(mm)	焊接速度(m/min)	板件厚度(mm)	焊接速度(m/min)
0.6~0.8	1.1~1.2	1.0	1
1.2	0.9~1	1.6	0.8~0.85

焊接速度对焊缝成形、接头的力学性能及气孔等缺陷的产生都有影响。通常半自动焊时,熟练焊工的焊接速度为 30~60cm/min。

4) 送丝速度

送丝速度较慢时,焊接接头较平坦。送丝速度太慢,焊丝在熔池内熔化并熔敷在焊接部位,可听到嘶嘶声或啪嗒声,反光亮度增强。送丝速度太快将堵塞电弧,焊丝不能充分熔化,焊丝将熔化成许多金属熔滴并从焊接部位飞走,产生大量飞溅,弧光频闪。

5) 焊丝伸出长度

焊丝伸出长度(图 2-69)指焊丝从导电嘴出口到焊丝末端的距离,对焊接过程的稳定性和焊缝质量有影响。焊丝伸出长度越长,这部分的电阻热越大,焊丝熔化速度就越快。另外随着焊丝伸出长度的增加,飞溅粘到喷嘴和导电嘴上的概率就减少,为此尽可能选用较大的焊丝伸出长度。但过大时焊丝容易弯曲,端头会发生摆动,使气体保护效果变坏。焊缝边缘不齐或对中性不好。同时焊丝易过热,甚至造成飞溅,使焊接过程不稳,并引起气孔等缺陷。所以焊丝的伸出长度受到一定的限制。但焊丝伸出长度也不能太短,否则会妨碍对熔池的观察,喷嘴和导电嘴容易过热,飞溅往往粘在喷嘴上而被堵塞,影响保护气保护性能,以致引起焊缝气孔。焊丝伸出长度与焊丝直径和电流有密切的关系。较细的焊丝用较小的伸出长度,一般认为焊丝伸出长度约等于焊丝直径的 10 倍较合适。

6) 保护气体的流量

CO_2 气体流量应根据焊接电流、焊接速度、焊丝伸出长度及喷嘴直径等来选择。而气体流量又直接影响气体保护效果。气体流量过小时,保护气流的挺度不足,焊缝易产生气孔等缺陷;气体流量过大时,不仅浪费气体,而且氧化性增强,焊缝表面会形成一层暗灰色的氧化皮,使焊缝质量下降。为保证焊接区免受空气的侵蚀,当焊接电流大或焊接速度快、焊丝伸出长度较长以及在室外焊接时,应增大 CO_2 气体的流量。

为了有效地保护焊接区域而获得高质量的焊缝,对 CO_2 气体应有一定的纯度要求。焊接用 CO_2 气体的纯度不得低于 99.5%。同时,当 CO_2 气瓶的压力低于 1MPa 时,就应停止使用,以免溶于液态 CO_2 中的水分汽化量增大而产生气孔。细丝焊接时气体流量为 5~15L/min。

7) 焊接时焊枪的角度

焊接方向有两种,即正向焊接和逆向焊接。正向焊接熔深较小且焊缝较平。逆向焊接熔深较大,并会产生大容量的熔敷金属,采用上述两种方法时,焊枪角度都应该在 10°~15°,如图 2-70 所示。

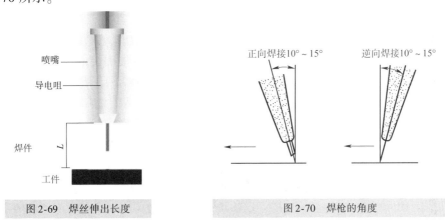

图 2-69 焊丝伸出长度　　图 2-70 焊枪的角度

3. 电阻点焊

将两电极之间的工件加压,并在焊接处通以电流,利用电流通过工件本身的电阻的热量来加热而形成局部熔化,断电冷却时,在压力继续作用下而形成牢固接头,这种工艺过程称为电阻焊。

在汽车车身的生产中,除了在局部前立柱部位少量采用气体保护焊外,95%以上的焊接都是采用电阻点焊,一辆车大约有 4000 个电阻点焊焊点。在生产中大量采用电阻点焊的主要原因是:可实现焊接自动化(大量采用焊接机器人),实现流水线大规模生产;焊接强度高,可保证每个焊点的强度一致;成本低,只需耗电不需要其他耗材;速度快,一个焊点的焊接时间不超过 1s。

1) 电阻点焊的焊接原理

电阻点焊是利用低电压、高强度的电流流过夹紧在一起的两块金属板时产生的大量电阻热,用电极的挤压力把它们熔合在一起,如图 2-71 所示。

2)电阻点焊设备

电阻点焊机由变压器、控制器和带有可更换电极臂的焊枪组成,如图 2-72 所示。

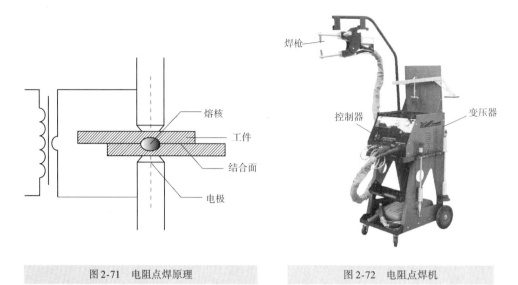

图 2-71 电阻点焊原理　　　　　　　图 2-72 电阻点焊机

(1)变压器。变压器是将低电流的 220V 或 380V 的电压变为 2~5V 的高电流的焊接电压。

(2)焊机控制器。焊机控制器可以调节变压器输出焊接电流的强弱,并可以调节出精确的焊接电流通电时间。在焊接时间内,焊接电流被接通并通过被焊接的金属板,然后电流被切断。焊接电流的大小由金属板的厚度和电极臂长度来决定。

(3)焊枪(图 2-73)。焊枪通过电极臂向被焊接板件施加挤压力,并流入焊接电流。

图 2-73 点焊机焊枪

3)电阻点焊的焊接质量的影响因素

根据公式 $Q = I^2 Rt$ 可知,影响电阻点焊质量的几个基本要素分别为电阻、电极压力、电流和焊接时间。下面我们分别介绍影响电阻点焊焊接质量的几个基本因素。

(1)电极压力。两个金属板件直接的焊接机械强度与焊枪电极施加在金属板上的力有直接的关系。焊枪电极的压力太小、电流过大都会产生焊接飞溅物,导致焊接接头强度降低。焊枪电极压力太大会使焊点过小,并降低焊接部位的机械强度。焊枪压力过高会使电极头压入被焊金属,压入深度过大使焊接质量降低(图 2-74)。焊点被电极压入的深度不能超过板厚的一半。

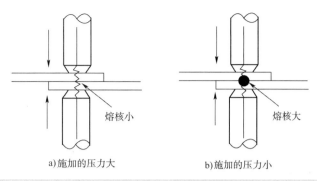

图 2-74 电极压力大小对焊点的影响

(2)焊接电流。给金属板加压后,强电流流过焊枪电极,然后流入两个金属板件(图 2-75)。在金属板的结合处电阻值最大,电阻热使温度迅速上升,电流不断流过,金属便熔化并熔合在一起,电流太大或压力太小,将会产生内部飞溅物。如果适当减小电流或增加压力,使焊接溅出物减小到最小值。

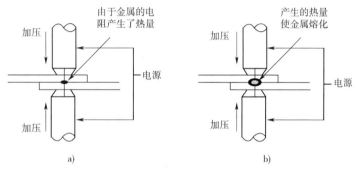

图 2-75 焊接电流对焊点的影响

(3)焊接加压时间(表 2-6)。电流停止后,焊接部位熔化的金属开始冷却,凝固的金属形成圆而平的焊点。对焊点施加的压力合适,焊点的结构紧密,有很高的机械强度。加压时间是一个重要因素,时间太短会使金属熔合不够紧密。

电阻点焊基本参数的选择 表 2-6

板厚(mm)	电极直径(mm)	焊接压力(N)	通电时间(s)	焊接电流(A)
1.0	5	1000~2000	0.2~0.4	6000~8000
1.2	5	1000~2500	0.25~0.5	7000~10000
1.3	6	1500~3500	0.25~0.5	8000~12000
2.0	8	2500~5000	0.35~0.6	9000~14000

四、准备实践操作

(一)设备及工具准备

(1)防护装备:工作服,工作帽,防尘口罩,防护眼镜,手套,安全鞋。

(2)手工工具:钣金锤,顶铁,整形架,大力钳,活动扳手。

(3)气动工具:打磨机,砂带机,吹尘枪。

(4)电动工具:外形修复机,二保焊焊机,电阻点焊机。

(5)测量工具:车身测量尺,钢直尺,车身锉刀。

(6)材料:变形板件,砂纸(P60、P80),记号笔。

(二)利用外形修复机和焊机对损伤板件进行修复

(1)穿戴好防护用品,如图 2-76 所示。

(2)检查工位(图 2-77)、工具的情况,保证工具可正常安全的使用。

图 2-76　穿戴好防护用品

图 2-77　检查工具

(3)用主机的转换开关选择所需要的作业方式,如图 2-78 所示。安装搭铁线,打开外形修复机开关,并选择焊接圆环形焊片的功能,选择合适的焊接参数。

(4)安装搭铁线,用大力钳把搭铁线固定在车门边搭铁区域,如图 2-79 所示。

图 2-78　根据不同的板厚选择参数

图 2-79　固定搭铁线

(5)在板件上画一条直线,并在直线上隔 1cm 画一个点,以方便焊接焊片。

(6)选用圆环形焊片,安装在焊接头处,焊接时用力把焊片压在板件上,力度适中否则焊接不牢或爆出火花,按下焊枪开关,通电后垫圈焊接在金属板件上,如图 2-80 所示。

(7)在画点的位置焊接焊片,焊接的焊片要垂直于板件,如图 2-81 所示。

图 2-80　焊接焊片

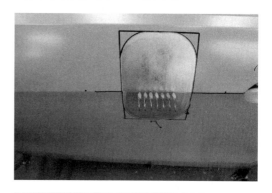

图 2-81　焊接质量

(8)用横拉杆穿过焊片上的孔(图 2-82),为使用整形架做准备。

（9）使用拉出器对金属板件凹陷进行拉伸修复，如图2-83所示。

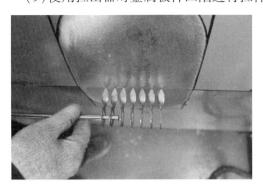
图2-82 安装横拉杆

图2-83 对凹陷进行拉伸

（10）修复好凹陷后取下焊片，用轻微的力旋转焊片即可取下焊片。

（11）使用滑锤对不平整部位进行修复，如图2-84所示。选好焊接头，并用扳手拧紧滑锤。清除拉拔滑锤三角形焊片上的氧化层。

（12）选择外形修复机滑锤功能，选择合适的焊接参数，如图2-85所示。

图2-84 清除焊片氧化层

图2-85 根据不同的板厚选择参数

（13）三角形焊片抵住车身板件，扣动扳机间隙焊接，在焊接时力度要适中，力度太小或有间隙就会产生火花，造成焊接不牢。利用滑锤的反作用力修复凹陷或者直接用滑锤往后曳修复凹陷，如图2-86所示

（14）对车身线下部破裂区域使用二氧化碳气体保护焊进行焊接（图2-87），搭铁线安装到板件搭铁处，打开电源开关，调整参数试焊合格后进行定位焊。

图2-86 滑锤的使用

图2-87 定位焊

(15)用砂带机打磨定位焊后,进行二氧化碳气体保护焊连续分段焊接,如图2-88所示。

(16)焊接后检查焊接质量并用打磨机打磨焊缝(图2-89),使焊接区域和原板件平面高度一致。

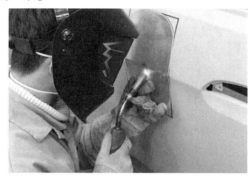

图2-88　二氧化碳气体保护焊连续分段焊接　　　　图2-89　打磨焊缝

(17)用钣金锤与顶铁修平板件,对于延展的修复区域,选择外形修复机上的碳棒加热功能,调好焊接参数(图2-90),焊接参数根据车身板件的厚度来选择。

(18)安装好碳棒,把碳棒抵住车身板件,扣动扳机对碳棒进行通电加热,一边加热板件,一边用吹尘枪吹加热的板件(图2-91),让板件冷却收缩。

图2-90　碳棒加热功能　　　　图2-91　碳棒加热

(19)用直尺对整形部位进行测量,应凹于原板件平面1mm以内,并用车身锉刀检查修复板件的平整度,如图2-92所示。

(20)对修复部位进行打磨,除掉整形留下的痕迹。拉伸修复操作完成后,在盘式打磨机上安装打磨砂纸,轻轻对金属板件进行打磨,把焊接印记打磨掉,如图2-93所示。

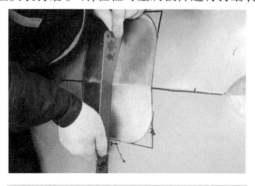

图2-92　修复尺寸检测　　　　图2-93　打磨整形部位

(21)用吹尘枪吹尘后检查是否符合标准(图2-94),然后进行下一步。

(22)清洁、除油,修复完成后关闭修复机,整理工具并清洁场地,如图2-95所示。

图2-94　吹尘枪除尘

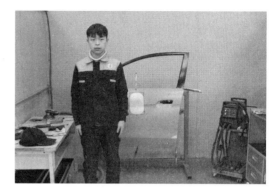

图2-95　整理工具

五、评估学习效果

(一)判断题

1.金属板间接损坏是由直接损坏引起的。（　　）

2.金属被推上去的部位称为压缩区,被拉下的部位成为拉伸区。（　　）

3.使用外形修复机可以对板件微小凹痕进行修复。（　　）

(二)选择题

1.在氩气中加入(　　)的氧气作为保护气,就可以焊接不锈钢。

　A.2%～3%　　　　B.4%～5%　　　　C.3%～4%

2.用惰性气体保护焊进行焊接时,随着电流的增大,会造成(　　)。

　A.焊缝变宽、熔深加大

　B.焊缝变宽、熔深减小

　C.焊缝变窄、熔深加大

3.在1mm厚的一般结构性钢板上进行塞焊时,塞孔直径是(　　)mm。

　A.3　　　　　　　B.5　　　　　　　C.8

4.对于惰性气体保护焊,焊枪导电嘴到工件的距离是(　　)mm。

　A.7～15　　　　　B.7～16　　　　　C.6～16

5.进行电阻点焊操作前,要(　　)。

　A.打开保护气

　B.清除镀锌层

　C.夹紧两个焊接表面

六、学习成果展示

根据任务完成情况,学生按照电动钣金工具对板件损伤修复技能考核标准(表2-7)自我评分,教师或指定组长过程巡视/验收检查时,发现问题时直接扣分,并在备注栏签名。

电动钣金工具对板件损伤修复技能考核标准　　　　表 2-7

序号	项目	操作内容	规定分	评分标准	得分
1	着装安全防护	工作服、工作帽、安全鞋、防尘口罩、耳塞、防护眼镜、手套	14 分	(1) 整个过程中需要佩戴； (2) 清洁除油戴橡胶手套； (3) 其他工序带棉纱手套； (4) 不符合规定不得分	
2	工具设备使用	外形修复机的使用	2 分	未经试焊就直接焊接垫圈或者不熟悉修复机的使用不得分	
		单作用研磨机的使用	2 分	单作用研磨机在使用后用润滑油进行润滑，且必须黏砂纸使用 (违规使用不得分)	
		滑动锤的使用	2 分	使用滑动锤拉伸时摔倒不得分	
		焊接过程中垫圈跌落	2 分	焊接垫圈时垫圈落地不得分	
3	工作安全	人员安全	2 分	操作过程中人员跌倒、跪地、手被烫伤不得分	
		不正确的操作姿势	2 分		
		烫伤	2 分		
		使用碳棒缩火后碳棒摆放位置	2 分	使用碳棒缩火后碳棒摆放位置接触到易燃物质不得分	
4	修复质量	用布清洁板件	2 分	未进行该项目操作不得分	
		损伤区域判断方法	5 分	判断方法不正确不得分	
		损伤区域标记方法	3 分	标记方法不正确不得分	
		修复机调整、试焊	5 分	直接焊接不得分	
		修复后的形状	5 分	修复后的形状与规定形状不符合不得分	
		修复后损伤区域外观	12 分	凹陷部位修复后高度低于原表面，差值 ≤1mm，超过范围扣 6 分，凹陷部位修复后高度高于原表面扣 6 分	
		修复后损伤位置钢板的强度	20 分	钢板表面有延伸现象扣 10 分，钢板表面有穿孔现象一个扣 5 分，多则累计，最多扣 10 分	
		打磨后裸金属区域	5 分	打磨后裸金属边缘符合规定	
		缩火操作方式	3 分	缩火操作时未采用压缩空气枪快速冷却不得分	
		吹尘、除油	2 分	磨圆后未进行该项目操作不得分	
5	结束	工具设备整理	6 分	不做或不符合规定不得分	
		工作场地清洁	2 分		
		总分	100 分		

项目三　汽车车身塑料件损伤的修复

本项目介绍汽车塑料保险杠修复技术。根据塑料保险杠修复方法，本项目分为两个工作任务，分别为：塑料保险杠凹陷整形修复；塑料保险杠损伤焊接修复。学生通过两个工作任务的学习，掌握汽车塑料保险杠修复的基本知识及修复方法。

任务1　塑料保险杠凹陷整形修复

一、明确学习任务

（一）任务描述

李先生的轿车在交通事故中塑料保险杠受损凹陷，在维修站经评估分析后，需要对此保险杠进行整形修复，现按照标准流程用塑料加热枪对保险杠进行整形修复以达到使用要求。

（二）任务分析

对于车身保险杠凹陷、拉伸、弯曲变形，常常可以用加热的方式进行校正。塑料件具有记忆效应，总是想保持或恢复至原来的形状。如果保险杠轻微弯曲或变形，可以对保险杠进行加热来达到校正保险杠凹陷变形的目的。

翼子板凹陷修复的注意事项如下：

(1) 正确穿戴防护用品。
(2) 正确分析保险杠的材料类型。
(3) 规范使用操作热风枪。
(4) 按保险杠修复的流程操作。
(5) 安全操作。

二、制订学习目标

（一）知识目标

(1) 能描述保险杠整形热风枪工作原理及结构。
(2) 能描述保险杠整形操作基本要求。

（二）技能目标

(1) 能够正确使用保险杠整形热风枪。
(2) 能够正确使用热风枪对保险杠进行整形。

（三）职业素质目标

(1) 培养学生安全操作意识。
(2) 培养学生按照5S标准进行实践。
(3) 培养学生团队协作和沟通能力。

三、准备理论知识

由于大多数的汽车车身塑料都具有良好的弹性和柔性,所以受到冲击、挤压等机械损伤时,往往以弯曲、扭曲或弯扭变形共存的综合变形出现,可采用热校正的方法使变形得到恢复。

车身防擦条、前隔栅、仪表板、电器操纵箱等多用 ABS 共聚塑料制成,这种丙烯腈—丁二烯—苯乙烯共聚物,具有强度高、成形性好和二次加工容易等特点,为其变形时的热校正提供便利条件。

当车身塑料件的变形与断裂并存时,应先进行热校正,然后再按前述方法粘合断裂。先将发生整形变形的塑料件置于 50℃ 的烘箱内进行加热 30min,然后用手将变形恢复原状。局部小范围变形时,可用热风枪等对变形部位进行加热,如图 3-1 所示。由于热风枪存在加热不均匀的缺点,容易造成局部过热烧坏塑料件,操作时最好在变形部位的背面烤,当塑料稍一变软就立刻进行按压、校正。

对于保险杠较大变形,应使用红外线烘干灯加热变形部位,(图 3-2),塑料件稍一变软,同样立即对变形部位进行按压校正。因为面积较大,为了获得良好的外观,可以借助辅助工具如光滑的木板等。

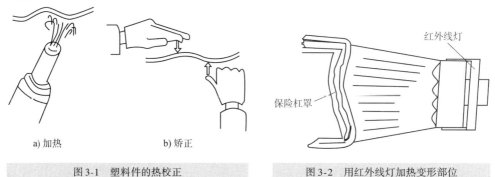

a) 加热　　b) 矫正

图 3-1　塑料件的热校正　　　　　图 3-2　用红外线灯加热变形部位

红外线灯加热效率高,升温快,注意控制塑料件的受热温度,一般应以 50~60℃ 最好,最高温度不能超过 70℃,避免产生永久性变形。完成校正后,应在原处慢慢恢复到常温状态。不要采用强制冷却或过早移动,避免构件发生整体变形。

(一) 保险杠整形热风枪工作原理及结构

1. 整形热风枪工作原理

不同的热风枪工作原理不完全一样,如图 3-3 所示。基本工作原理是利用微型鼓风机做风源,用电发热丝加热空气流,并且使空气流的热度达到高温 200~480℃,即可以熔化塑料件的温度。然后,通过风嘴导向加热要焊接零件、作业工区进行工作。

为了适应不同的工作环境,达到目前一般电路实现测控稳定温度的目的,有的还通过安装在热风枪手柄里面的方向传感器来确认手柄的工作位置,以确定热风枪处于不同工作状态工作、待机、关机。

2. 整形热风枪的结构

根据热风枪的工作原理,热风枪控制电路的主体部分应包括温度信号放大电路、比较电路、晶闸管控制电路、传感器、风控电路等,如图 3-4 所示。

为了提高电路的整体性能,还应设置一些辅助电路,如温度显示电路、关机延时电路和过零检测电路。设置温度显示电路是为了便于调温。温度显示电路显示的温度为电路的实际温度,工人在操作过程中可以依照显示屏上显示的温度来手动调节。

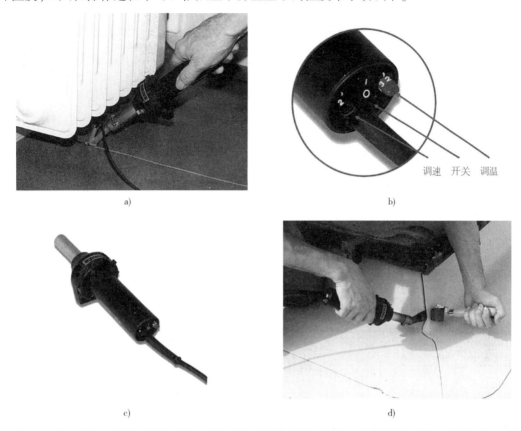

图 3-3 热风枪的应用

热风枪整机由热风枪和电焊台构成多功能一体化的维修系统;整机核心由单片微电脑统一控制,保证热风和焊台温度精确稳定;机身小巧、耐用,美观,占用工作台面积小。

清晰的数码显示工作温度和工作状态,按键切换,方便直观(图 3-5);数控按键连续调节热风温度及焊台温度满足不同的需要。

图 3-4 热风枪整机

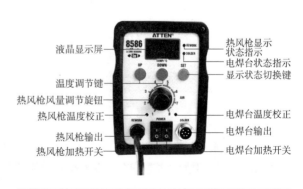

图 3-5 热风枪面板功能键

热风枪功率大,升温迅速,出风柔和,风量大,非常适合作业。内部结构如图3-6所示。

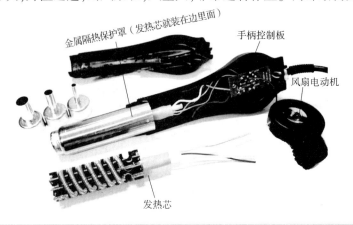

图3-6 热风枪内部结构

焊台发热体采用低压电源供电,热风台可广泛应用于各种热塑料焊接、各种PVC/PE/PP/PVDF等塑料板材、管道、膜片材的现场焊接施工。

3. 热风枪使用指南

1)安装

新机器第一次使用时,必须安装热风枪手柄支架,如图3-7所示。根据个人的使用习惯,按图3-7所示选择位置旋紧4个螺钉。根据你的选择,拆下机器左边或右边的2个固定支架的螺钉。把手柄支架的两个安装孔对上机器上的2个固定螺钉孔,旋紧拆下的2个螺钉。把手柄组件搁置在手柄架上,检查是否适宜。

图3-7 安装热风枪支架

2)上电

接通电源,打开位于机器后面板上的电源总开关,在两路加热开关都未打开的情况下,数码显示热风枪待机状态"-1",任意一路加热开关闭合数码将显示该路状态,默认显示热风状态。

3)工作

打开加热开关,数码显示当前开机设置值3s后显示实际工作状态,同时该路显示指示灯亮起。

4)停止工作

关闭当前工作的加热开关,该路停止加热。如之前显示的状态系该路的工作状态,则此时显示另一路的工作状态(另一路工作时)或该路待机状态(另一路待机)。

5)关机

使用热风后,请将热风枪手柄搁置手柄架,待热风降至休眠后,再关闭热风加热开关,此举将大大延长热风焊的使用寿命。如整机不需工作时,请关闭加热开关,并将位于机器后面板上的电源总开关关闭。

6) 数码显示状态转换

在通电的状态下,按"SET"键在两路之间转换,同时该路显示指示灯亮起。

7) 工作温度设置

在通电的状态下,如当前数码显示的是需要设置的该路工作状态,直接按"UP"或"DOWN"键即可调节该路的设置温度;如当前数码显示的不是要设置的那路工作状态,需按"SET"键转换后,再按"UP"或"DOWN"键调节设置温度。设置完成显示设置值3s,之后显示该路实际工作状态。

8) 热风休眠状态

当暂时不使用热风枪时,请将热风枪手柄放置托架上,机器会自动切断热风加热,待热风温度低于100℃时,热风枪进入休眠状态。在此当前若数码显示为热风焊状态,进入休眠时如电焊台是开机加热状态,则数码显示会自动转换为电焊台显示状态,否则数码显示热风焊休眠符"SLP"。

9) 唤醒热风休眠

热风枪进入了休眠状态后,不认当前显示为哪路的工作状态,只要重新拿起热风枪手柄,数码显示都将转换热风焊显示状态,恢复之前设置工作。

10) 显示符号说明

显示"-1":热风枪待机状态,表明此时热风枪部分未开机,即热风枪加热开关未打开。

显示"SLP":热风枪休眠状态,表明此时热风枪进入了休眠状态。

显示"-2":烙铁待机状态,表明此时烙铁部分未开机,即烙铁加热开关未打开。

显示"S-E":表明当前数码显示的该路工作的传感器或其部分出现故障,此时机器停止输出加温信号。

显示"H-E":表明当前数码显示的该路工作的发热元件或其部分出现故障。

数码管末位小数点:全亮加温;全灭,停止加温;闪烁,至少有一路在恒温状态。

11) 温度校正

当更换发热芯或烙铁头后,需要校正温度时,请用适合的无感螺丝刀伸进面板上相对应的"CAL"孔内,或左或右微调孔内微调器即可。

12) 更换热风枪发热体

更换发热体应在冷却时,且在机器完全断电后方可进行。

步骤1:松开手柄上的两个固定螺钉。

步骤2:旋出手柄壳1,再将手柄壳2松开。

步骤3:轻轻移出风机,取出固定接线板螺钉。

步骤4:将接线板反过来,从接线板上焊下发热体的连接线,注意其接线位置。

步骤5:从钢管中取出损坏的发热体,将好的发热体换上。按拆开时相反的程序正确装好即可。

注意:更换发热体时(图3-8),小心不要损坏搭铁线;不要损坏风机的连接线;回装手柄时,手柄上的固定柱应在钢管上的固定孔内。

4. 热风机使用注意事项

使用本机器必须遵守下列规定,以免对人体造成伤害或引发火灾等危害。

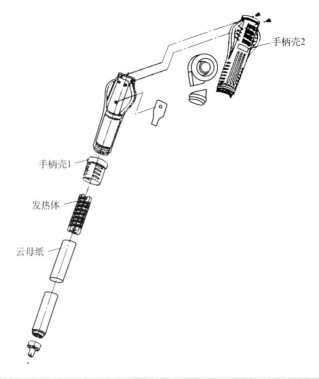

图3-8 更换热风枪发热体

(1) 为了确保人身安全,必须使用原厂认可或推荐的零件及配件,否则将招致严重后果。

(2) 机器故障必须由合格的电器技师或木厂指定人员进行维修。

(3) 本产品使用三线搭铁插头,必须插入三孔搭铁插座内。不要更改插头或使用未搭铁三头适配器而使搭铁不良。

(4) 热风枪或电焊台开启后,其温度都有可能达到400°以上。切勿在易燃易爆气体、物体附近使用。喷管及喷出的热气都十分炎热,能灼伤人体,切勿触摸发热管及以热气直喷人体。

(5) 热风枪开启后,切勿离开工作岗位。

(6) 安装喷嘴时不可在热风枪开启时,必须在发热管与喷嘴冷却时才可安装。

(7) 请保持进、出风口畅通,不能有阻塞物。

(8) 使用后,切记冷却机身,应将手柄放归手柄架,机器进入休眠后再关机。

(二) 维修塑料件基本要求

在打磨、切割或涂抹维修材料至任何类型的片状模塑料或反应注射模塑刚性塑料时,为降低因接触有毒烟气而导致人身伤害的风险,必须遵守以下准则:

(1) 应在通风良好的区域内作业。

(2) 将防护膏涂在裸露的皮肤上。

(3) 立即清除与皮肤接触的任何混合物。

(4) 用冷水清洗皮肤,清除玻璃和树脂粉尘。

(5) 使用带真空吸尘附件的砂轮机。

(6) 按照维修材料制造商的说明书操作。

维修所有类型的热固性塑料时,应遵照以下程序:

(1)按制造商建议的涂抹和固化方法进行操作。

(2)切勿混用系统。用同一制造商提供的耗材和维修材料。

(3)用浸有肥皂的擦垫清理维修部位内、外表面,清除尘土或脱模剂。

(4)用蜡和油脂清除剂清洗维修部位,溶剂用量仅达到湿润抹布的程度即可。等待面板彻底干燥。

(5)清除维修部位的表面涂层。粘合剂是为粘接塑料基底而设计的,无法粘合到表面涂层。

(6)在涂抹维修材料前,先在金属表面上涂一层底剂。

(7)维修之前检查工作部位的后端,以免损坏导线、电动机等。

四、进行实践操作

(一)设备及工具准备

(1)防护装备:工作服,工作帽,防尘口罩,防护眼镜,橡胶手套,安全鞋。

(2)手工工具:钣金锤,顶铁,海绵。

(3)气动工具:打磨机,砂带机,吹尘枪。

(4)电动工具:热风枪。

(5)变形塑料保险杠,肥皂水。

(二)保险杠热整形工序

(1)穿戴防护用品。

(2)用热肥皂水彻底清洗保险杠,然后用塑料清洁剂进行清洗,如图3-9所示。仔细清除所有的沥青、机油、油脂以及内层涂漆。

(3)用浸水的抹布或海绵浸湿维修区域。

(4)使用加热风枪加热保险杠凹陷区域,加热枪距离保险杠表面250~300mm,从外侧开始,不停地环装移动加热枪(图3-10)。

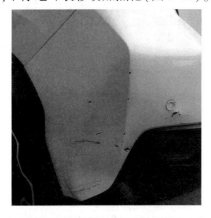 

图3-9 清洗塑料保险杠　　图3-10 对塑料保险杠进行加热

(5)将维修区域加热到大约54℃,不要过度加热,否则会起泡,加热到维修区摸起来烫手,可以用数字式温度计测量表面温度。

(6)整形保险杠,使凹陷区域恢复形状,可以使用顶铁或模子向凹陷反方向顶出,如图3-11所示。

(7) 当凹痕被消除后(图3-12),用湿海绵快速冷却该区域。

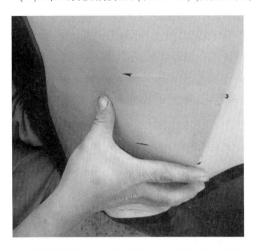
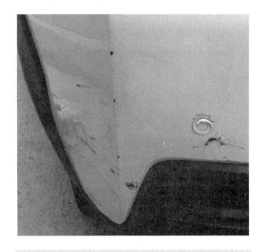

图3-11 对塑料保险杠进行整形　　　图3-12 对塑料保险杠进行冷却

(8) 使用塑料填充剂填平凹陷区域,如图3-13所示。
(9) 涂装完毕后检查修复质量,如图3-14所示。

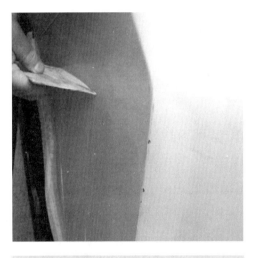

图3-13 刮涂原子灰　　　图3-14 涂装完成后的保险杠

(10) 收拾工具设备,清洁工位。

五、评估学习效果

(一)判断题
1. 所有损坏的塑料件都可以维修后再继续使用。　　　　　　　　　　　　　(　　)
2. 在打磨塑料件时要戴防护眼镜和橡胶手套。　　　　　　　　　　　　　　(　　)
3. 变形塑料件加热就可以修复的原因是因为塑料有记忆效应。　　　　　　　(　　)

(二)选择题
1. (　　)塑料在燃烧时会有熔滴产生。
　　A. 热固性　　　　　B. 热塑性　　　　　C. 热固性和热塑性

2. 用加热元件对塑料进行焊接时,最少要预先加热( )min。
   A. 3　　　　　　　B. 4　　　　　　　C. 5
3. 关于塑料件维修的说法,正确的是( )。
   A. 热塑性塑料必须用焊接来修复
   B. 热固定塑料也可以用焊接来修复
   C. 热塑性和热固定的塑料都能用粘结修复

六、学习成果展示

根据任务完成情况,学生按照塑料保险杠整形修复技能考核标准(表3-1)自我评分,教师或指定组长过程巡视/验收检查时,发现问题时直接扣分,并在备注栏签名。

塑料保险杠整形修复技能考核标准表　　　　　　　　　表3-1

序号	项目	操作内容	规定分	评分标准	得分
1	着装安全防护	工作服、工作帽、安全鞋、防尘口罩、耳塞、防护镜、棉纱手套	14分	(1)整个过程中需要佩戴; (2)不符合规定不得分	
2	工具使用	热风枪的使用	16分	不正确使用不得分	
3	工作安全	人员安全	5分	操作过程中人员跌倒、跪地、不安全因素不得分	
		不正确的操作姿势	5分		
4	修复质量	用布清洁保险杠	2分	未进行该操作不得分	
		损伤区域判断	5分	判断方法不正确不得分	
		损伤区域标记	5分	标记方法不正确不得分	
		修复后的形状	5分	修复后的形状与规定形状不符合不得分	
		修复后损伤区域外观	20分	凹陷部位修复后高度低于原表面,差值≤1mm,超过范围扣10分,凹陷部位修复后高度高于原表面扣10分	
		修复后保险杠的强度	12分	保险杠表面有延伸现象扣12分,表面有凹坑或穿孔一个扣6分,多则累计,最多扣12分	
5	结束	工具设备防护用品整理	6分	不做或不符合规定不得分	
		工作场地清洁	5分		
	总分		100分		

任务2　塑料保险杠的损伤焊接修复

一、明确学习任务

(一)任务描述

李先生的科鲁兹轿车在交通事故中塑料保险杠受损裂开,在维修站经评估分析后,需要对此保险杠进行焊接修复,现按照标准流程用塑料焊枪对保险杠进行修复以达到使用要求。

(二)任务分析

和车身维修工作一样,维修塑料件是要先进行评估,确定该零部件是修理还是更换,如果在弧形板件上或大的塑料板上有小的裂缝、撕裂、凹陷或孔,而这些板件难以更换或更换成本比较高或不易取得,修理是非常好的。

这个案例中的保险杠是裂缝,可以使用塑料焊接方法来修复,这个任务主要是利用焊接方法修复保险杠裂纹的教学。

保险杠裂纹修复的注意事项如下:
(1)正确穿戴防护用品。
(2)正确分析保险杠的材料类型。
(3)规范使用操作塑料焊枪。
(4)裂纹修复后,保险杠的质量达到使用要求。
(5)安全操作。

二、制订学习目标

(一)知识目标
(1)能描述汽车上塑料件的种类。
(2)能描述塑料焊枪结构及工作原理。
(3)能描述焊接操作的基本要求。

(二)技能目标
(1)能够正确使用塑料焊枪。
(2)能够正确使用塑料焊枪对保险杠进行修理。

(三)职业素质目标
(1)培养学生安全操作意识。
(2)培养学生按照5S标准进行实践。
(3)培养学生团队协作和沟通能力。

三、准备理论知识

(一)汽车上塑料件应用

塑料具有较高的强度、质量较轻等优点。近年来,汽车车身材料越来越多地被塑料替代,这样,既可获得汽车的轻量化,还可提高汽车的防腐蚀、减振动、抗冲击、降噪声等性能。在现代汽车中,车前部的大部分零部件都用塑料制作,如散热器面罩、前保险杠、挡泥板、仪表板等,如图3-15所示。

(二)汽车上塑料件的种类

塑料的种类很多,目前,应用在汽车上的主要是热固性塑料和热塑性塑料两大类,见表3-2。

1. 热固性塑料

这种塑料开始时,以液体的形式存在,在加热和使用催化剂或紫外线的照射下发生化学反应固化后一次成型,如再次加热或使用催化剂这种树脂不再熔化或溶解,也不再变形。如聚酰胺塑料(PA)、玻璃纤维增强的硬ABS塑料(ABS/MAT)、聚氨基甲酸乙酯塑料(PUR)、聚酯塑料(UP)等都属热固性塑料。这类塑料耐热性好,但力学性能较差,不能焊接,可用粘结剂粘合。在汽车上用较少。

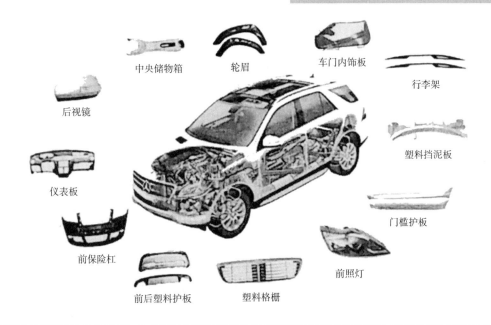

图 3-15 汽车上塑料件的应用

汽车上塑料件的种类　　　　　　　　　表 3-2

符　号	化学名称	设计用途	塑料种类
AAS	丙烯腈、丙烯酸橡胶、苯乙烯	外后视镜	热塑性塑料
ABS	丙烯腈、丁二烯苯乙烯	格栅,车体板	热塑性塑料
AES	丙烯腈、乙烯苯乙烯	车顶雨滴嵌条,侧饰嵌条	热塑性塑料
PA	聚酰胺	车外精加工装饰板	热固性塑料
PC	聚碳酸酯	前照灯壳,格栅,仪表板	热塑性塑料
PE	聚乙烯	阻流板,内装饰板	热塑性塑料
PMMA	聚甲基丙烯酸甲酯有机玻璃	后组合灯	热塑性塑料
PP	聚丙烯	保险杠	热塑性塑料
PUR	热固性聚氨酯	保险杠	热塑性塑料
PVC	聚氯乙烯	内装饰板,软垫板	热塑性塑料
SMN	苯乙烯、丙烯腈	内装饰板	热固性塑料
TSOPTPO	超级聚烯烃	保险杠	热塑性塑料
TPU	热塑性聚氨酯	大的侧保险嵌条,前翼子板,挡泥板	热塑性塑料

2．热塑性塑料

这是最常见类型的树脂。树脂受热会软化,冷却时树脂会固化。这种塑料可以多次重复加热软化再成型,反复塑制其化学成分不会发生变化,显示出它的热塑性。加热时塑料软化或熔化,冷却后硬化成型。重复加热和冷却树脂,不改变树脂的性质,但它的性能有所下降,这种树脂的性能与蜡烛类似。如聚碳酸酯塑料（PC）、聚乙烯塑料（PE）、聚丙烯塑料（PP）、聚苯乙烯塑料（PS）、聚氯乙烯塑料（PVC）等都属热塑性塑料。这类塑料成型方便,力学性能较好,但耐热性较差,容易变形,可进行焊接。

3. 汽车车身塑料识别

修理汽车塑料零部件(如保险杠等)的方法和材料是随着制造零部件的材料不同而变化的。因此,在实施修理作业以前,应正确判断材料的性质,各大汽车制造公司都在塑料制件上标有所用塑料的代码(图3-16),以确定材料的性质。目前,汽车塑料保险杠有三种类型材料:热固性聚氨酯(PUR)、聚丙烯(PP)和超级聚烯烃(TSOPTPO)。此外,采用两种类型的标记,标在零件号的周围,在保险杠后面和保险杠后面压印的连续标记条在一起,见表3-3。

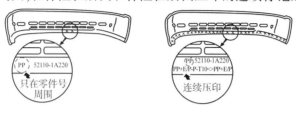

图3-16 塑料保险杠材料标记

各种塑料的特性和压印标记代码　　　　　　　表3-3

材　料	树脂特性	零件号周围的压印	连续压印
聚丙烯	热塑性	PP	> PP + E/P - T10 <
丰田超级聚烯烃	热塑性	TPO 或 TPOS	> PP + E/P - T10 <
热固聚氨酯	热固性	PUR	> PUR - M15 <

连续压印标记代码含义如图3-17所示。

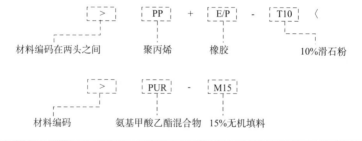

图3-17 连续压印标记代码含义

(三)塑料保险杠修理

保险杠的修理方法取决于使用的塑料类型。一般来说,塑料保险杠修理方法与塑料的修理方法相同,具体如下。

1. 专用工具

(1)带砂纸的打磨盘:打磨盘与空气钻相连,用于打磨刮坏的部分,在有裂纹的部分形成V形沟槽。

(2)增强带(玻璃纤维带):用于增强有裂纹部分的后面。

(3)粘结剂:用于填充浅坑和增强有裂纹的地方。

(4)聚丙烯(PP)底漆涂料:提高聚丙烯PP之间或丰田超级聚烯烃TSOP光面和涂料之间的附着力。

(5)柔软添加剂或含有固化剂的柔软添加剂:用于提高漆膜的柔性。

2. 修理塑料保险杠注意事项

(1)如果聚丙烯或超级聚烯烃保险杠底材露出,一定要喷涂聚丙烯底漆。

(2)如果塑料保险杠表面有油,会降低聚丙烯(PP)底漆的附着力。除油过后,一定要用空气吹净除油剂。

(3)由于聚丙烯底漆干燥后,不能抵抗溶化,涂底漆后,不能使用除油脂溶剂。因此,干燥后尽快进行下一道工序。

(4)不要在氨基甲酸乙酯保险杠上涂聚丙烯底漆,这样做会降低附着力。

(5)如果涂的聚丙烯底漆或中涂底漆过厚,会产生针孔,干燥时间延长,或吸收面漆。

(6)由于树脂制造的保险杠有柔性,不能使用普遍的中涂底漆,否则保险杠会开裂。因此,一定要加入软化剂或用专为塑料保险杠设计的固化剂。

(7)由于软化剂数量不足弯曲性能差会引起裂纹,反之,软化剂数量过多干燥时间延长使防水性差,会引起水点,所以必须正确计量软化剂。

(8)与软化剂混合的涂料由于柔性好而难以抛光,因此向涂装工作区域地面喷水,以防止吸收灰尘。

(9)塑料件的温度比薄钢板升得慢,热量不容易传到红外线灯照不到的地方。因此,移动红外线灯,均匀干燥涂装的整个部位。

(10)加热塑料保险杠的温度不超过80℃,保险杠对热变形敏感。

(11)喷涂的保险杠干燥后不应立即安装,因为用在保险杠上的涂料干燥后相对柔软。涂料干燥后,让保险杠在室温再干燥1h。

3.塑料保险杠的修复工艺

塑料保险杠的修复工艺如图3-18所示。

(四)塑料焊枪结构及工作原理

塑料焊接是利用热量把塑料基料和焊条加热或单独把焊条加热至熔融状态后使之连接在一起。需要注意的是塑料焊接只针对热塑性塑料,热固性塑料是不可焊接的。焊接过程中,我们会用到热空气焊炬,又称焊枪。

塑料焊枪工作原理(图3-19):塑料焊枪与平常家用电吹风相同,也就是通过电动机所产生的风带走电热丝所产生的热量,从而得到流动的热空气,但塑料焊枪产生的气流压力较大(Ⅱ型塑料焊枪大于2800Pa),热空气的温度高达550℃以上,这就是与电吹风的根本区别所在。

塑料焊枪的结构、使用方法及注意事项:塑料焊枪由气泵、加热器和温度控制器三大部分组成(图3-20);气泵是由高速电动机(>15000r/min)与叶轮组成而产生流动空气,加热器产生热量,温度控制器是用来调节加热器发热功率而改变塑料焊枪出口温度。

塑料焊条有很多种,如PVC焊条(灰色)、ABS焊条(米色)、PP焊条(白色)等,如图3-21所示。汽车的保险杠是PP塑料,选择PP焊条焊接。

(五)焊枪使用注意事项

(1)手柄开关分为三挡:Ⅰ挡接通电热丝;Ⅱ挡起动电动机送风;Ⅲ挡停。使用时应先起动电动机送风,然后使电热丝通电。停用时先切断电热丝的电源,然后稍停片刻再停风,以免电热丝余热过高、缩短枪芯寿命或烧坏引线。

(2)在使用过程中,如遇温度偏高可退到Ⅱ挡,即切断电热丝电源,利用余热焊接,适当时再打Ⅰ挡,以延长枪芯使用寿命和保证焊接质量。

(3)初次使用时,可能会出现喷火或冒烟。此属正常现象,通电5min左右会自动消失。

(4)开关置于Ⅰ挡时,出风口有微温,属正常现象。

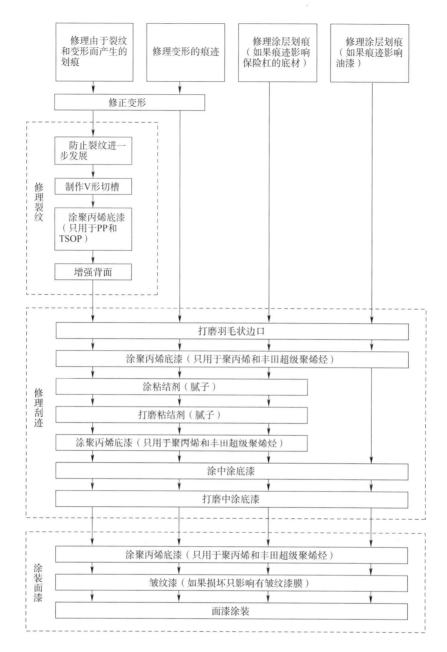

图 3-18 塑料保险杠的修复工艺

(5)塑料板材被加热到 130~140℃时即成为柔软状态,稍加压力即可成型。焊接温度一般为 240℃左右,离焊接喷嘴口 5~10mm 处的温度为 200~260℃,焊接时应注意喷嘴与焊点间的距离,以获得理想的焊接温度。

(6)电热丝断后,可旋开枪壳连接螺钉,取出枪芯,用 300W 电热丝,均匀绕上,仍可使用。

(7)焊枪用毕要轻放,以免摔坏枪芯部分耐火瓷料,而使电热丝短路。

(8)在有易燃材料的地方使用本器具时要小心。不要长时间在同一地方使用本器具。

(9)不要在易爆炸性环境中使用本器具。

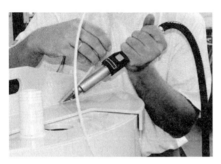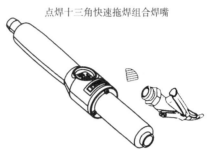

点焊十三角快速拖焊组合焊嘴

图 3-19　塑料焊枪及焊接操作

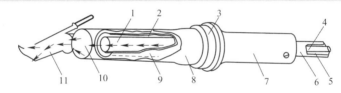

图 3-20　塑料焊枪结构分解
1-加热元件；2-加热腔；3-固定螺母；4-电源；5-压缩空气或惰性气体；6-空气；7-把手；8-外套管；9-内套管；10-热空气；11-焊嘴

（六）塑料件焊接工艺

1. 在裂痕处打磨焊接

用专业的铝合金胶带将断裂处两边对齐粘结固定，也可以用专业塑料粘结剂将断裂处两边粘连固定，在断裂处的背面用专业的电磨头或使用 V 形切割工具刻磨出 V 形槽，槽的深度为材料厚度一半。用粗砂纸打磨 V 形槽内的表面，并抛去 V 形槽周围表面的喷漆，以增加表面粗糙度与焊接面的粘合力。

2. 将塑料焊条与保险杠塑料熔化一起

开完坡口后，将焊条端部切成 60°的切口，操作过程中，焊嘴离焊缝 12～13mm，焊炬倾角为 30°，焊条垂直于塑料板（图 3-22），焊条与塑料板同时被加热到发光并带有黏性，则焊条便会粘住板片，此时，必须维持焊条与塑料件的正确温度，切不可过高。若温度过高会引起焊缝褶皱，变为棕色，降低焊缝强度。为保证焊条与塑料板适当的焊接温度，焊炬可以上下垂直移动，以使塑料板焊缝得到更多的热量。并均匀

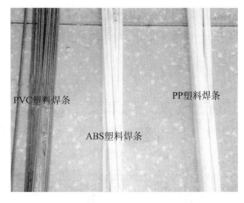

图 3-21　塑料焊条

受热,当焊条与塑料板边缘受热熔化,都略带光亮,对焊条略施压力,就会深入焊缝。继续加热,焊条与焊缝材料互溶结为一体。若焊条落入焊缝后堆成一团,或焊条在焊接过程中拉断,则焊缝强度一定降低。因此,焊接速度和焊条的熔化比例一定要配合协调。塑料焊接时的平均速度应保持在150～200mm/min。

3. 快速焊接技术

高速焊炬(图3-23),软管在手腕的外侧。焊接开始时,焊炬喷嘴应在起点上方距焊炬80mm远,以免热风影响焊件。高速焊接适用于狭长的、较为平坦的裂缝。

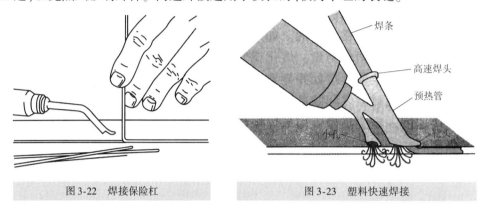

图3-22 焊接保险杠　　　　图3-23 塑料快速焊接

将焊条截成60°角的偏口后插入焊炬的预热管内,然后立即将加压掌压到焊件上的起焊部位,并使焊炬与焊件表面垂直,再将焊条插到底,使其在焊缝起点顶住母材。必要时,可将焊炬略微抬起而使焊条压在加压掌下。用左手轻压焊条,加压掌处的压力只能是焊炬本身的重力,不能再施加压力。慢慢向身边移动焊炬,开始焊接。

在焊接初始的30～50mm,需要轻轻向下推压焊条进入预热管。焊接正确开始后,则应将焊炬倾角调至45°,这时焊条就能自动滑入。移动焊炬时应随时注意焊缝的质量。

4. 在断裂处正面打磨焊接

待修复过的焊条冷却后,在其正面重复进行以上修复步骤。

5. 打磨抛光

焊接完成后,可用P36砂纸打磨焊缝。当焊缝面积较大时,可用220mm或240mm的低速砂轮机磨平,然后,进行细磨。细磨时先用P220砂纸打磨,再用P320砂纸进行精磨,也可以用带式或回转式磨光机。如果有必要,可再用手工打磨。焊接面打磨光滑后在焊接处涂抹一层薄薄的原子灰,再进行抛光打磨,以保证焊接面光滑。

四、进行实践操作

(一)设备及工具准备

(1)防护装备:工作服,工作帽,防尘口罩,防护眼镜,手套,安全鞋。

(2)手工工具:钣金锤,顶铁。

(3)气动工具:打磨机,砂带机,吹尘枪。

(4)电动工具:塑料焊枪。

(5)有裂纹的塑料保险杠,记号笔。

(二)保险杠焊接工序

(1)施工前的准备,必要的保护措施,施工前的工具及材料。

(2)清洗塑料部件,并进行塑料鉴别(图3-24)。

(3)如果塑料变形,先用烤灯或热风机加热变形部位及其周围,然后用手将变形部位修正。

(4)将部件损伤部位开60°左右的V形坡口,较厚的焊件可以开X形坡口,坡口宽度约为6mm。并清理干净塑料碎屑。注意不能用塑料清洗剂清理。

(5)用夹子或车身胶带或定位焊将断裂处对齐固定好。

(6)选取最适合待焊塑料类型的焊条(图3-25),可选成品焊条或从同类型报废的塑料件上割下一条作为焊条。

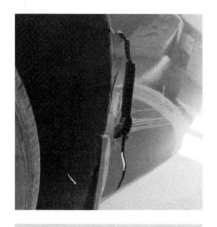
图3-24 鉴别塑料保险杠类别

图3-25 选用焊接设备和焊条

(7)将压缩空气接通并调好气压压力,选用圆形喷嘴安装到焊枪上。

(8)接上电源,预热焊枪,然后调整温度,使焊枪温度在200~400℃。

(9)起焊,一手拿焊枪,另一手拿焊条,焊条应与母材垂直,摆动焊枪喷嘴,使母材与焊条同时加热,直到它们发亮、发黏,充分加热,使焊条和零件熔融在一起,如图3-26所示。

(10)连续焊接(图3-27)。采用扇形轨迹移动喷嘴来对焊条与母材持续加热,以保证两者受热程度相同。同时将焊条压入坡口以形成连续的焊缝。

图3-26 保险杠间隙焊点

图3-27 保险杠连续焊接

图3-28 打磨焊接区域

(11)完成焊接。当焊接达到末端时,停止几秒后移开喷嘴,并继续保持对焊条施压几秒。

(12)断开电源,等待一会儿再关闭起源,目的是为了加快焊枪的冷却速度。

(13)等焊缝冷却硬化30min后,进行打磨修整。先用刀具切割掉多余的塑料,再用砂轮机配合P80、P180、P240砂纸依次进行打磨(图3-28),直到达到后续施工要求。

(14)进行最后的涂装工艺,如图3-29所示。

(15)涂装完毕后检查修复质量,如图3-30所示。

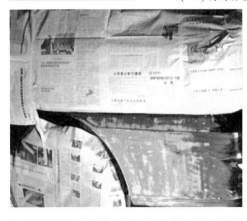

图3-29 准备涂装

图3-30 涂装完成

五、评估学习效果

(一)判断题

1. 一般塑料件的修理时间比钢板的修理时间要快。( )
2. 热塑性塑料件的损坏可以用塑料焊机进行焊接维修,也可以进行粘结维修。( )
3. 热固性塑料件的损坏可以用塑料焊机进行焊接维修,也可以进行粘结维修。( )

(二)选择题

1. 对聚乙烯内饰件加热修复时,加热枪的喷嘴离工件的距离是( )mm。
   A. 150~200 B. 200~250 C. 250~300
2. 对聚乙烯内饰件加热修复时,加热温度是( )℃。
   A. 40~50 B. 50~60 C. 60~70
3. ( )的说法是错误的。
   A. 塑料件在粘结前不需要预热 B. 粘结剂固化时可以加热
   C. 加热会影响板件变形,最好少用
4. 对塑料件进行预处理打磨时,要使用( )的砂轮片。
   A. 细粒度 B. 中粒度 C. 粗粒度
5. 塑料件正式焊接前要进行临时点焊,( )的做法是错误的。
   A. 使用圆形焊头 B. 临时点焊时不使用焊条
   C. 焊接前要先固定好位置

六、学习成果展示

根据任务完成情况,学生按照塑料保险杠焊接修复技能考核标准(表3-4)自我评分,教师或指定组长过程巡视/验收检查时,发现问题时直接扣分,并在备注栏签名。

塑料保险杠焊接修复技能考核标准　　　　　表3-4

序号	项目	操作内容	规定分	评分标准	得分
1	着装安全防护	工作服、工作帽、安全鞋、防尘口罩、耳塞、防护眼镜、棉纱手套	14分	(1)整个过程中需要佩戴; (2)不符合规定不得分	
2	工具使用	塑料焊枪的使用	16分	不正确使用不得分	
3	工作安全	人员安全	5分	操作过程中人员跌倒、跪地、不安全因素不得分	
		不正确的操作姿势	5分		
4	修复质量	用布清洁保险杠	2分	未进行该操作不得分	
		损伤区域判断	5分	判断方法不正确不得分	
		损伤区域标记	5分	标记方法不正确不得分	
		修复后的形状	5分	修复后的形状与规定形状不符合不得分	
		修复后损伤区域外观	20分	凹陷部位修复后高度低于原表面,差值≤1mm,超过范围扣10分;凹陷部位修复后高度高于原表面扣10分	
		修复后保险杠的强度	12分	保险杠表面有凹坑或穿孔扣12分	
5	结束	工具设备防护用品整理	6分	不做或不符合规定不得分	
		工作场地清洁	5分		
		总分	100分		

项目四　汽车车身面板损伤的修复

本项目介绍汽车车身面板损伤修复技术。根据车身面板损伤规律,车身面板损伤修复分为3个工作任务,分别为:车身板件损伤免喷漆修复;汽车前翼子板凹陷损伤修复;汽车车门板件凹陷损伤修复。学生通过三个工作任务的学习,掌握汽车车身面板凹陷损伤修复的基本知识及修复方法。

任务1　汽车车身板件损伤免喷漆修复

一、明确学习任务

(一)任务描述

某车主回家,由于路上车流量太大造成堵车,与另一辆车发生轻微碰撞,造成车门凹陷变形,经检查没有伤到漆面,可以用免喷漆进行修复处理。请你熟练地使用免喷漆粘结维修工具对此板件进行修复。

(二)任务分析

汽车凹陷是指车体在外力的碰撞下,使汽车表面产生的凹坑、凹陷。凹陷在没破坏损伤原车漆的情况下,利用凹陷修复技术,保持原车漆的情况下完美修复。

微型校正不伤漆面,涉及面积为0～30cm范围内。经评估可以免喷漆修复的,可酌情选用"不伤漆面钣金修复套装"和"气动钣金牵引器"或者"溶胶拉拔器"进行整形修复。

车门板凹陷修复的注意事项如下:

(1)正确穿戴防护用品。

(2)正确使用免喷漆修复工具。

(3)正确使用免喷漆修复工具对轻微凹陷进行修复。

(4)安全操作。

二、制订学习目标

(一)知识目标

(1)能描述粘结修复工具的结构原理。

(2)能描述免喷漆修复工具的作用。

(二)技能目标

(1)能够正确穿戴个人安全防护用品。

(2)能够正确使用免喷漆修复工具。

(3)会利用免喷漆修复工具对凹陷进行修复。

(三)职业素质目标

(1)培养学生安全操作意识。

(2)培养学生按照5S标准进行实践。

(3)培养学生团队协作和沟通能力。

三、准备理论知识

(一) 免喷漆修复原理

免喷漆汽车凹陷修复技术(图4-1)是对汽车车身表面覆盖件的各部位因外界力撞击而形成的各种凹陷进行修复的一种新技术。免喷漆凹陷修复技术是利用力学和光学等原理来实现对汽车表面覆盖件的修复。

图4-1 橡胶吸盘修复凹陷

利用力学和光学等原理来实现对汽车表面覆盖件的修复,是在施工过程中一边利用光线折射的视觉效果来判断凹陷的位置和程度,一边应用杠杆原理逐步将车身凹陷处的张力释放,使凹陷部位恢复原来状态,实现对车身凹陷损伤的快速、准确、完整地修复。如果再同时使用镜面镀膜技术,更能使修复后的汽车表面光亮如新。

免喷漆凹陷修复工艺主要适用于损伤面积较小、金属板材无折痕、无延展的表面凹陷修复。要做好免喷漆凹陷修复工作,首先需要配备几种汽车钣金凹陷修复的"秘密武器",并掌握正确的工艺步骤,同时还需耐心细致的操作,千万不能用力过度、莽撞操作,否则将导致漆面损伤,造成无法补救的失败。

(二) 气动钣金牵引器修复

修复原理是运用压缩空气将气动钣金牵引器的吸盘吸附在被修的板件上,运用外力将弹性变形区恢复原形,如图4-2所示。

(三) 溶胶拉拔器修复

主要针对10mm×10mm左右无漆损伤的小凹坑,且无法从内部进行修复的板件。修复原理是运用溶胶吸附在被修的板件上,运用外力将弹性变形区恢复原形,如图4-3所示。操作方法是清洁漆面、熔胶、粘结塑料拉钉、拉拔整形、去除粘胶。

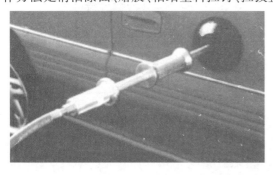

图4-2 橡胶吸盘修复凹陷　　　　图4-3 溶胶拉拔器修复板件

（四）粘结修复工具及其使用

1. 溶胶套装

溶胶套装如图4-4所示。

2. 溶胶套装使用

（1）清洁凹陷表面，使用高性能胶枪（60~80W），插电之后等待6~8min即可使用，胶枪工作温度为165~200℃。

（2）依据车身钣金凹陷选择大小合适的连接头。

（3）使用加热胶枪将超级治理胶均匀地挤在超级连接头表面上（图4-5），并且快速轻微放在凹陷之处，等待50s或者1min。

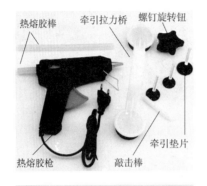

图4-4 溶胶修复套装

图4-5 粘结拉拔头

（4）开始使用可以调整升降活动式脚架拉拔器，操作中依据钣金凹陷大小调整，操作中必须缓慢调整施力直到凹陷之处完整被拉平复原，如图4-6所示。

（5）卸下升降活动式脚架拉拔器之后，在超级连接头与超级治理胶粘结点喷洒解胶剂并用除胶片轻微去除残留超级治理胶（图4-7）。注意：重复检查凹陷之处，重要的是要完全使凹陷之处完整平复。

图4-6 溶胶拉拔凹陷

图4-7 去除溶胶

（6）使用打蜡抛光机和抛光剂整理表面。

（五）微钣金修复

除了使用粘结的方法外，传统的方式可以使用微钣金工具来修复，常用的工具有撬镐、微钣金工具、小凹陷顶出器等。

1. 微钣金工具

微钣金工具主要由一组不同长度、端部不同形状、受力不同的撬杠组成，如图4-8所示。

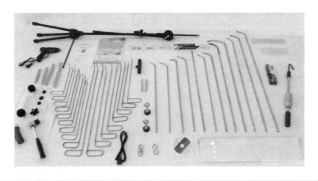

图 4-8 微钣金修复工具套装

2. 微钣金工具的使用

选好工具后,把微钣金工具(撬镐)深入板件凹陷背面,进行轻柔顶压,如图 4-9 所示。在操作时用力要均匀,不要一次用力太大,防止产生大的变形,使修复失败。

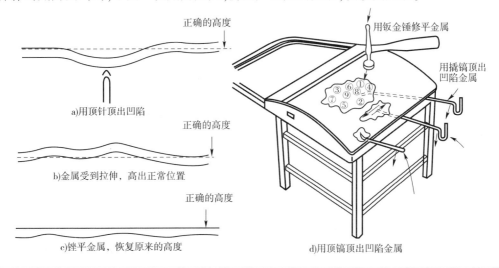

图 4-9 微钣金修复工具修复法

(1) 门板凹陷修复时,放下车窗,在车窗缝隙塞一块塑料板和木块支撑,如图 4-10 所示。

(2) 利用撬杠伸进门板内,慢慢地将凹痕往外顶,顶的力度要轻(图 4-11),避免凹陷被过度顶出。

图 4-10 寻找插入点

图 4-11 用撬杠进行修复

(3) 用橡胶锤和塑料棒在凹痕周围轻敲击,碾平顶出的痕迹,如图 4-12 所示。

(4) 检查凹陷修复的质量(图 4-13),如果还有凹痕继续进行以上操作。

图 4-12　轻敲碾平顶出的痕迹

图 4-13　检查修复后的质量

四、进行实践操作

(一) 设备及工具准备

(1) 防护装备:工作服,工作帽,防尘口罩,防护眼镜,手套,安全鞋。
(2) 手工工具:溶胶套装,橡胶锤,橡胶棒。
(3) 气动工具:热风机。
(4) 电动工具:工作灯。
(5) 材料:变形汽车车门板件,溶胶清洗剂,记号笔。

(二) 板件凹陷免喷漆修复工序

(1) 穿戴好防护用品。

(2) 清洁损伤漆面(图 4-14)。将汽车凹陷损伤区域及其周围的表面擦洗干净,必要时对表面漆膜进行抛光。抛光时取少量抛光剂涂敷于凹陷损伤区域及其周围的表面上,并选择好抛光机转速。操作时手持抛光机,将抛光盘平面与被抛光的漆面保持 5°~15°角度,并掌握好力度进行抛光作业。擦洗、抛光漆面的目的是为了增强凹陷损伤区域及其周围漆膜表面的光亮度,以提高漆面的反射度。

(3) 投影照射(图 4-15)。在汽车受损部位的附近安放一盏凹陷修复专用的投影灯。打开投影灯,调整投影灯的照射角度,使投影灯面板上的直线条投影在损伤区域及其周围的表面上。

图 4-14　清洁车身

图 4-15　利用工作灯进行检查

(4) 观察投影线条(图 4-16)。观察汽车损伤区域及其周围表面上的投影线,如图 4-16 所示,可以清晰地看到投影线在未损伤区域内呈现出的是均匀的直线条或曲线条,而在凹陷损伤区域内呈现的却是旋涡状或不规则的投影线条。

(5)使用记号笔在需要拉拔的碰撞点做标记,如图4-17所示。

(6)接通粘结剂枪的电源,将溶胶胶棒插到枪里等靠待4~5min,胶棒加热变成液体状后才能使用,如图4-18所示。

(7)粘结拉拔器头,如图4-19所示。选择接头的直径和形状要和损伤的凹陷直径相符。把热溶胶涂到接头圆弧表面,将接头放到碰撞点,粘结剂只要能填平凹陷部位就行,不能太多。不能用太大的力按下接头,否则粘结不牢。

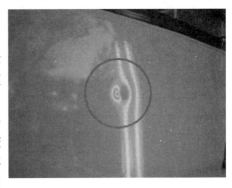

图4-16 损伤区的灯光光线

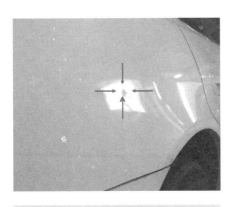

图4-17 标记损伤区域

图4-18 溶胶枪溶胶

(8)拉拔修复凹陷。等接头上的溶胶冷却后就可以对凹陷进行拉拔修复,将拉拔器和拉拔接头连接,用垂直于板件的力进行拉拔修复。

(9)去除粘胶,拉拔完成后,使用同样的稀释剂取下接头。在接头周围滴几滴稀释剂,使用塑料刮刀的边缘取下粘结剂,然后对修复表面进行抛光处理,如图4-20所示。

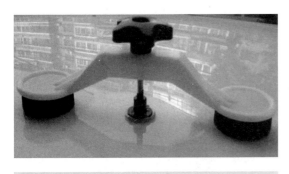

图4-19 粘结拉拔器头

图4-20 修复后抛光

(10)清洁、除油,修复完成后整理工具并清洁场地。

五、评估学习效果

(一)判断题

1.微型校正不伤漆面,涉及面积为0~30cm范围内。　　　　　　　　　(　　)

2.免喷漆凹陷修复工艺主要适用于损伤面积较小、金属板材无折痕、无延展的表面凹陷修复。（　　）

3.微钣金工具主要由一组不同长度、端部不同形状、受力不同的撬杠组成。（　　）

(二)选择题

1.溶胶拉拔器修复主要针对（　　）左右无漆损伤的小凹坑,且无法从内部进行修复的板件。

　　A. 10mm×10mm　　B. 20mm×10mm　　C. 30mm×10mm　　D. 40mm×10mm

2.使用高性能胶枪（60～80W）,插电之后等待6～8min即可使用,胶枪工作温度为（　　）。

　　A. 100～150℃　　B. 165～200℃　　C. 200～250℃　　D. 250～300℃

3.微钣金工具（撬镐）深入板件凹陷背面,在操作时用力要（　　）,防止产生大的变形,使修复失败。

　　A.均匀　　　　B.大　　　　C.小

六、学习成果展示

根据任务完成情况,学生按照免喷漆修复技术对板件损伤修复技能考核标准(表4-1)自我评分,教师或指定组长过程巡视/验收检查时,发现问题时直接扣分,并在备注栏签名。

免喷漆修复技术对板件损伤修复技能考核标准　　表4-1

序号	项目	操作内容	规定分	评分标准	得分
1	着装安全防护	工作服、工作帽、安全鞋、防尘口罩、耳塞、防护眼镜、手套	14分	(1)整个过程中需要佩戴；(2)清洁除油戴橡胶手套；(3)其他工序带棉纱手套；(4)不符合规定不得分	
2	工具使用	免喷漆套装的使用	8分	不熟悉使用方法不得分	
3	工作安全	人员安全	2分	操作过程中人员跌倒、跪地、不得分	
		正确的操作姿势	2分		
		烫伤	4分	手被烫伤不得分	
4	修复质量	用布清洁板件	2分	未进行该项目操作不得分	
		损伤区域判断方法	5分	判断方法不正确不得分	
		损伤区域标记方法	3分	标记方法不正确不得分	
		溶胶拉拔修复	10分	不正确使用不得分	
		修复后损伤区域外观	22分	修复后的形状与规定形状不符合不得分	
		修复后损伤位置钢板的强度	10分	有延展不得分	
		除油抛光	10分	修复后未进行该项目操作不得分	
5	结束	工具设备整理	6分	不做或不符合规定不得分	
		工作场地清洁	2分		
		总分	100分		

任务2　汽车前翼子板凹陷修复

一、明确学习任务

(一)任务描述

李先生的速腾轿车在交通事故中翼子板受损凹陷变形,在维修站经评估分析后,需要对此凹陷进行钣金修复,钣金锤和顶铁配合使用是修复此凹陷效率最高的形式,现按照标准流程用钣金锤和顶铁配合修复此凹陷以达到质量要求。

(二)任务分析

车身钣金维修技术人员在进行车身凹陷变形修复时要把损坏的板件恢复到原来的状态,包括形状、尺寸和状态。一名优秀的车身维修技术人员应有一套属于自己的工具,有一套自己的钣金修复工艺。在车身修复中最重要的就是熟练地运用自己的一套方法指导自己在维修过程中高质量的使用维修工具。

对于车身板件的轻微变形,手工校正仍然是主要的校正方法。手工校正简便灵活,一般用于薄钢板、小型型钢和小型结构件的局部变形的校正,这种校正方法是以手工操作钣金锤、顶铁等工具,对变形的钢板施加外力,来达到校正凹陷变形的目的。

翼子板凹陷修复的注意事项如下:
(1)正确穿戴防护用品。
(2)正确分析翼子板的凹陷类型。
(3)正确使用工具对翼子板凹陷进行修复。
(4)凹陷修复后,恢复损伤板件的质量。
(5)安全操作。

二、制订学习目标

(一)知识目标

(1)能描述翼子板凹陷的类型。
(2)能描述翼子板凹陷修复的方法。

(二)技能目标

(1)能正确分析和标示翼子板损伤范围。
(2)能正确进行翼子板凹陷修复分析。
(3)能够正确使用钣金修复工具。
(4)能够完成翼子板凹陷的修复。

(三)职业素质目标

(1)培养学生安全操作意识。
(2)培养学生按照5S标准进行实践。
(3)培养学生团队协作和沟通能力。

三、准备理论知识

(一)翼子板的结构特性

翼子板是遮盖车轮的车身外板,因旧式车身该部件形状及位置似鸟翼而得名。普通轿车的前翼子板主要由前翼子板外板、前翼子板内板、翼子板衬板及翼子板防擦装饰条等组成,部分轿车还装有翼子板轮口装饰条。前翼子板位于汽车发动机罩侧下部及前轮上部(图4-21)。

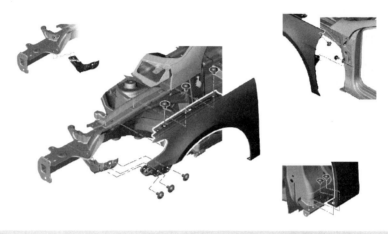

图 4-21　前翼子板的组成及安装位置

翼子板是重要车身装饰件,主要部件一般采用薄钢板冲压制造,前翼子板碰撞机会较多,独立装配容易整件更换。维修翼子板时,要清楚翼子板的结构特性(图4-22)。翼子板上存在柔软部位和硬化部位,硬化部位难以损坏,一旦损坏也难以校正。

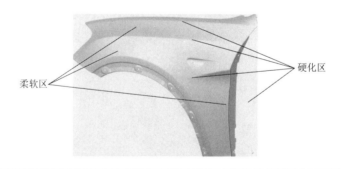

图 4-22　翼子板的状态

(二)车身板件材料性质

1. 弹性变形

金属材料在载荷作用下发生变形,当卸除载荷后,变形也完全消失。这种随载荷的卸除而消失的变形称为弹性变形(图4-23)。它是金属材料的一种特性。

2. 塑性变形

作用在金属材料上的载荷超过某一限度,此时若卸除载荷,部分变形随之消失(弹性变形部分),部分变形留下不能消失。这种不能随载荷的卸除而消失的变形称为塑性变形(图4-24)。物体无法恢复到原始形状的特性被称为塑性。

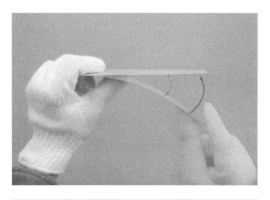
图 4-23 金属材料的弹性变形

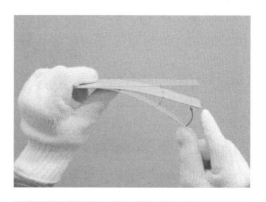
图 4-24 金属材料的塑性变形

具有良好塑性的材料,有利于金属材料进行压力加工。如汽车驾驶室外壳、油箱、翼子板、发动机罩、车顶板等金属制品,都用塑性较好的薄钢板经冷冲压成型。冲压制成后,若无外力作用其形状就不再改变。

3. 加工硬化

如果来回重复弯曲金属丝,金属丝即会发生硬化。同样,钢板也会因塑性变形而得到硬化和强化。汽车在受到外力作用如碰撞或在维修时,都会发生冷作硬化,如图 4-25 所示。

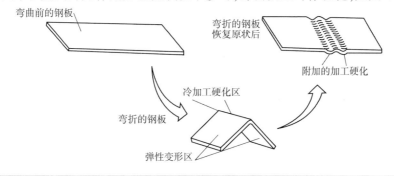

图 4-25 金属材料的加工硬化

(三)车身板件损伤的类型

车身钣金修理的第一步是对受到损坏的部位进行损坏分析,修理人员必须能识别受到损坏金属上的变形形态。金属板上的损坏一般分两种,即直接损坏和间接损坏。

1. 直接损坏

直接损坏是指碰撞的物体与金属板件直接接触而造成的损坏。通常以断裂、擦伤或划痕的形式出现,用眼睛可以看到,在所有损坏中直接损坏占 10% ~ 15%。在维修中一般不对直接损坏的部位进行修理,直接损坏部位修复通常使用塑料填充剂,在填充过程中间接损坏也得到修理。

2. 间接损坏

碰撞除产生直接损坏外还产生间接损坏,间接损坏占所有损坏类型的 80% ~ 90%,各构件所受到的间接损坏基本相同,它会产生弯曲、压缩等。间接损坏有铰折、凹陷铰折、凹陷卷曲、单纯卷曲。车身板件损坏卷曲较多。

(1)单纯铰折。单纯铰折(图 4-26)是沿着一条线均匀弯曲,金属上部受拉而产生拉伸变形,下部受压产生压缩变形,中间层不发生变形。

(2)凹陷铰折(图4-27)。箱型截面弯曲,中心线没有强度,顶部凹陷,底部铰折,侧面产生折皱(结构梁、门槛板、风窗支柱、中立柱、车顶梁等)。

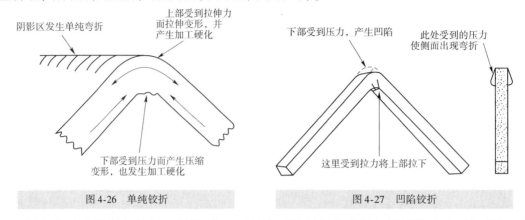

图4-26 单纯铰折　　　　图4-27 凹陷铰折

铰折部位存在很大的加工硬化,校正时首先对铰折部位进行加热消除应力,然后将工件拉伸直到凹陷铰折消除和恢复原状。

(3)凹陷卷曲(图4-28)。金属板的内部向外翻卷,使折损部分长度增加。

(4)单纯卷曲(图4-28)。发生凹陷卷曲时,在凹陷部位旁发生的折损,与凹陷卷曲形成一个箭头形。

车身修理人员应该掌握间接损坏部位四种折损类型,应该对各处的折损一目了然,能够对所有的折损有一个合理的修复方案。

(5)拉伸区和压缩区(图4-29)。

各种金属板件拱起程度不同,拱形高的为"高拱形",接近平坦的金属板称为"低拱形"。

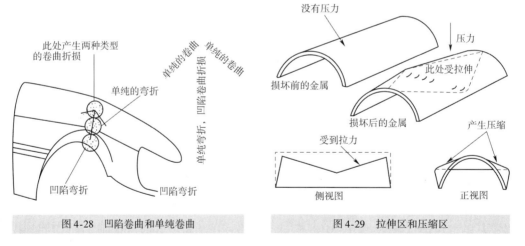

图4-28 凹陷卷曲和单纯卷曲　　　　图4-29 拉伸区和压缩区

(四)翼子板凹陷修复方法

翼子板损伤凹陷(图4-30),可以利用钣金锤和顶铁,使它按凹陷形成相反的顺序辗平到原来形状。翼子板上的金属被向内推挤的过程中,撞击点两侧逐渐形成凹陷,这个凹陷通常在撞击点附近最深,并在凹痕的周围形成凸起。

辗平时,把顶铁紧贴在凹陷外缘的下面,然后用平面钣金锤以轻度到中度的力在凸起部位外端最靠近顶铁的地方敲击。钣金锤的敲击迫使凸起部位的端部逐渐降低,而压住顶铁的压力使凹陷部位鼓起,如图4-31 所示。

损伤部位大致恢复到原来的形状,应采用正托敲击法进行修光和修平,然后作最终修整和填料处理(如图4-32)。

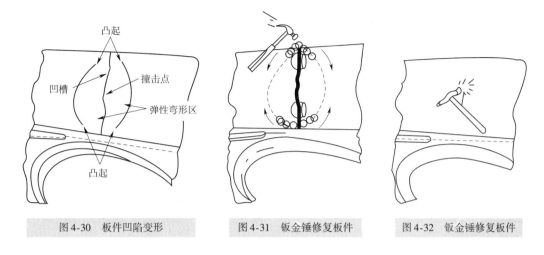

图4-30 板件凹陷变形　　图4-31 钣金锤修复板件　　图4-32 钣金锤修复板件

四、进行实践操作

(一) 设备及工具准备

(1) 防护装备:工作服,工作帽,防尘口罩,防护眼镜,手套,安全鞋。
(2) 手工工具:钣金锤,顶铁。
(3) 材料:变形翼子板、直尺、划线笔。

(二) 利用钣金工具对翼子板凹陷进行修复

(1) 穿戴好个人防护用品。
(2) 目视检查,借助灯光找出凹陷的点,先将灯管放在待修板件的上方或侧面,让灯管与待修板件成垂直状态。从待修板件上呈现出,如图4-33所示状况。
(3) 评估表面上的凹陷和凸起(图4-34),检查塑性变形。将板件用抹布擦干净,判断出板件变形的位置和范围。

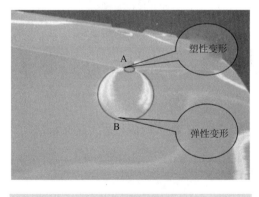

图4-33 判断损伤类型

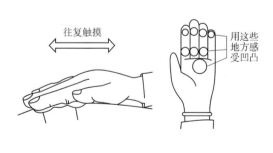

图4-34 触摸检查

(4) 按压检查(图4-35),按压检查表面的张力,用足够的力按压受损部位直到拇指变白。对比未受损部位的张力,以此判断张力。即使未受损部位也会因为受损部位的影响而丧失张力,必须检查整个钢板。张力小的部位会发出啪啪声,或者受极小的力就会变形。

(5)对比检查(图4-36),用直尺检查受损和未受损表面在量上的区别。检查是否有高点,这些高点在哪里,以及钢板凹陷有多深,非常重要。测量低点时,把直尺放在凹陷上,根据直尺两端与钢板空隙的大小判断损伤的严重性。

图4-35 按压检查

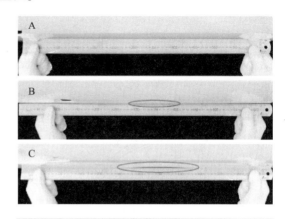

图4-36 对比检查

(6)标记板件上下左右边界点(图4-37),然后用记号笔用平滑曲线连接板件损伤区域边界。

(7)制订修复计划(图4-38)。在修理时,基本的原则是最后的损伤要最先修复,最先的损伤要最后修复。在损坏部位离直接损坏点最远的位置要最先进行修理,然后还要修复离直接损坏点最远的位置,以此类推把损伤全部修理好,对最后的直接损伤位置可能需要塑料填充剂修理。

图4-37 标示损伤区域

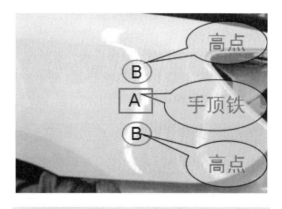

图4-38 制订修复计划

(8)钣金工具的准备。擦净锤面及手柄上的油污,检查手柄是否松动。检查顶铁的工作面是否光滑、干净,是否存在油污、涂料以及毛刺,如有,则要进行打磨抛光。

(9)选择合适弧度的顶铁,将顶铁放在稍偏于锤击处(图4-39),锤击点为凹凸不平表面的较高部位,顶铁位于较低部位。

(10)用手轻松握住钣金锤手柄的端部(相当于手柄全长的1/4位置),握锤时锤柄下面的食指和中指应适当放松,小指和无名指应相对紧一些,使之形成一个比较灵活的转轴。用手腕摇动的方法轻轻敲击车身构件表面,并利用钣金锤敲击零件时产生的回弹力作圆圈运动,如图4-40所示。

图 4-39　选择合适的顶铁

图 4-40　用正确的锤击法修复凹陷

(11) 利用偏拖方式进行粗校正 (图 4-41)。钣金锤的敲击逐渐将凸起部分的端部向下压,顶铁的压力使凹陷部分趋于平整。钣金锤与工件的敲击角度呈 90°,敲击点为钣金锤面的中央,以上下垂直的方向进行敲击,敲击后工件表面要留下平正均匀的敲击记号。

(12) 进行粗校正后,利用正托的方式进行校正 (图 4-42)。使钣金锤与顶铁中心对正,然后进行敲击修整,握锤的手不宜过于紧握,以手腕的力敲击,敲击的速度以 80~100 次/min 为宜。

图 4-41　偏拖敲击法

图 4-42　用正托方式校正

(13) 敲平后用镐锤对小凹坑进行修复,然后用钢直尺测量,与原板件轮廓误差不大于 1mm。

(14) 用车身锉刀检查敲平的板件,如果修复达不到修复要求,继续进行正托方式进行修整,直到板件修复质量达到要求,如图 4-43 所示。

(15) 修复完成后,收拾工具设备,清洁场地,如图 4-44 所示。

图 4-43　检查修复情况

图 4-44　整理工具

五、评估学习效果

(一)判断题

1. 加工硬化产生的原因是金属变形后在变形区内增加了应力。( )
2. 在车身修理过程中造成的损坏,与碰撞对汽车造成的损坏几乎同样多。( )
3. 在所有的凹陷部位向上敲打,并将所有的拱形部位向下敲打,最终能使金属变平。
( )

(二)选择题

1. 板件变形后,在弯曲部位强度会( )。
   A. 增强　　　　　　B. 不变　　　　　　C. 下降
2. ( )会使钢板产生拉伸。
   A. 铁锤不在垫铁上轻敲　　　　　　B. 铁锤不在垫铁上重敲
   C. 铁锤在垫铁上重敲
3. 在使用垫铁、钣金锤和外形修复机都可以修理的情况下,使用( )可以省时省力。
   A. 垫铁、钣金锤　　　B. 外形修复机　　　C. 两种工具都
4. 用钣金锤敲击时,发力部位是( )。
   A. 手指　　　　　　B. 手腕　　　　　　C. 手臂
5. 铁锤在垫铁上的敲击法和铁锤不在垫铁上的敲击法是( )。
   A. 前者拉伸金属,后者整平金属　　　　B. 前者整平金属,后者拉伸金属
   C. 铁锤在垫铁上的敲击法和铁锤不在垫铁上的敲击法都是拉伸金属

六、学习成果展示

根据任务完成情况,学生按照汽车前翼子板损伤修复技能考核标准(表4-2),教师或指定组长过程巡视/验收检查时,发现问题时直接扣分,并在备注栏签名。

汽车前翼子板损伤修复技能考核标准　　　　　　　　　　　　　　　表4-2

序号	项目	操作内容	规定分	评分标准	得分
1	着装安全防护	工作服、工作帽、安全鞋、防尘口罩、耳塞、防护眼镜、棉纱手套	14分	(1)整个过程中需要佩戴;(2)不符合规定不得分	
2	工具设备使用	(1)钣金锤的使用	8分	不正确使用钣金锤不得分	
		(2)顶铁的使用	8分	不正确使用顶铁不得分	
3	工作安全	人员安全	5分	操作过程中人员跌倒、跪地、不安全因素不得分	
		不正确的操作姿势	5分		
4	修复质量	用布清洁板件	2分	未进行该操作不得分	
		损伤区域判断	5分	判断方法不正确不得分	
		损伤区域标记	5分	标记方法不正确不得分	
		修复后的形状	5分	修复后的形状与规定形状不符合不得分	
		修复后损伤区域外观	20分	凹陷部位修复后高度低于原表面,差值≤1mm,超过范围扣10分,凹陷部位修复后高度高于原表面扣10分	

续上表

序号	项目	操 作 内 容	规定分	评 分 标 准	得分
4	修复质量	修复后损伤位置钢板的强度	12分	钢板表面有延伸现象扣12分,钢板表面有凹坑或穿孔,一个扣6分,多则累计,最多扣12分	
5	结束	工具设备防护用品整理	6分	不做或不符合规定不得分	
		工作场地清洁	5分		
	总分		100分		

任务3　汽车车门板件凹陷损伤修复

一、明确任务

(一)任务描述

某车主在国庆放假当天回家,由于高速路上车流量太大造成堵车,在高速路匝道与另一辆并道车发生擦刮,造成车门凹陷变形,国庆后到4S店进行修理。请你熟练地使用钣金维修工具对此车门进行凹陷修复。

(二)任务分析

车身板件使用薄钢板冲压而成,在受到外力的作用下极易发生凹陷,凹陷不仅影响美观而且安全性还得不到保障。在修复车身板件之前,维修技术人员应该对车身板件的材料及其性质进行了解,并掌握车身板件损伤的分析能力,然后针对板件不同的损伤类型,选用不同的修复方法进行高质量的修复。

车门板凹陷修复的注意事项如下:
(1)正确穿戴防护用品。
(2)掌握车门板的凹陷类型分析方法。
(3)掌握外形修复机的使用操作规范。
(4)对车身门板进行高质量的修复。
(5)安全操作。

二、学习目标

(一)知识目标

(1)能描述车门板件凹陷的类型。
(2)能描述金属板件的收缩方法。
(3)能描述车门板件修复的流程。

(二)技能目标

(1)能够正确分析车门板件的凹陷。
(2)能够利用钣金工具完成车门凹陷的修复。

(三)职业素质目标

(1)培养学生安全操作意识。
(2)培养学生按照5S标准进行实践。
(3)培养学生团队协作和沟通能力。

三、准备理论知识

(一)车身损伤分类

车身钣金修理的第一步是对受到损坏的部位进行损坏分析,修理人员必须能识别受到损坏金属上的变形形态。金属板上的损坏一般分两种,即直接损坏和间接损坏。

1. 直接损坏

直接损坏(图4-45)是指碰撞的物体与金属板件直接接触而造成的损坏。通常以断裂、擦伤或划痕的形式出现,用眼睛可以看到,在所有损坏中直接损坏占10%~15%。在维修中一般不对直接损坏的部位进行修理,直接损坏部位修复通常使用塑料填充剂,在填充过程中间接损坏也得到修理。

2. 间接损坏

碰撞除产生直接损坏外还产生间接损坏,间接损坏占所有损坏类型的80%~90%,各构件所受到的间接损坏基本相同,它会产生弯曲、压缩等。间接损坏有铰折、凹陷铰折、凹陷卷曲、单纯卷曲。车身板件损坏卷曲较多。车身板件产生卷曲后进行修复(图4-46),首先找到损坏的方向,碰撞损坏方向和碰撞方向相反,通过目测检查就可以找出损坏方向,但在金属板件重叠的情况下,问题变得复杂。

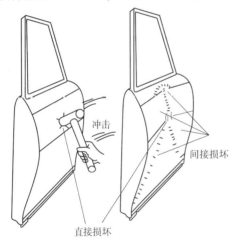
图4-45 车门板件的损坏类型

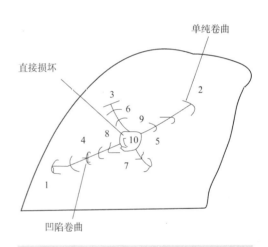
图4-46 凹陷修复过程

卷曲总是从最先发生接触的位置向外传播。当有2~3个部位出现这种折损时,情况更加简单,它们汇聚到的那一点就是最初的碰撞点。

在修理时,基本的原则是最后的损伤要最先修复,最先的损伤要最后修复,在损坏部位离直接损坏点最远的位置1要最先进行修理,然后修复离直接损坏点最远的位置2,以此类推把损伤全部修理好,对直接损伤部位10要用塑料填充剂修理。

3. 拉伸区和压缩区

各种金属板件拱起程度不同,拱形高的为"高拱形",接近平坦的金属板称为"低拱形"(图4-47)。当低拱形金属板受损时,金属板被拉入损坏的中心部位。这个拉力使金属板低于它原来的高度,低于原来高度的损害区称为拉伸区,金属板上任何超出原来高度的损害区域都称为压缩区。

判断金属板件产生的变化,应考虑金属板件在受到损坏前压缩或拉伸的状况。校正时,先要确定受损部位受到的是拉伸还是压缩,然后才可确定修理的方法和使用的工具。不能用锤子敲打拉伸区,也不能用顶铁敲打压缩区的内侧,要根据压力的方向来决定需要施加的力。同样,当损坏部位存在压缩区时,不能在此部位使用塑料填充剂。

(二)评估车门的凹陷损伤

车门损伤的检查方法有四种,分别是目视、触摸、按压和对比。

1. 目视检查

借助灯光找出凹陷的点,先将灯管放在待修板件的上方或侧面,让灯管与待修板件成垂直状态。从待修板件上呈现出图 4-48 所示的状况。根据反射光线的扭曲程度判断,多角度、大范围观察钢板表面。

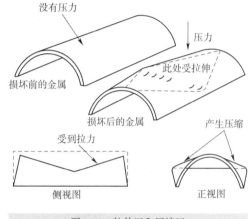

图 4-47 拉伸区和压缩区　　　　图 4-48 目视检查

2. 触摸检查

伸直手腕,将力集中在手掌上,从不同方向轻轻触摸表面,感受损伤(图 4-49)。感知凹陷和凸起,要在整个钢板上滑动手,最好戴手套,以增强感知效果。

为感知未受损和受损表面的区别,需要大范围触摸,包括未受损部位的钢板表面,大范围触摸很重要。

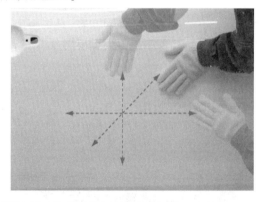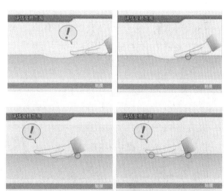

图 4-49 触摸检查

3. 按压检查

按压检查表面的张力(如图 4-50),用足够的力按压受损部位直到拇指变白。对比未受损部位的张力,以此判断张力。即使未受损部位也会因为受损部位的影响而丧失张力,必须检查整个钢板。张力小的部位会发出啪啪声,或者受极小的力就会变形。

4.对比检查

用直尺检查受损和未受损表面在量上的区别(图4-51)。检查是否有高点,这些高点在哪里,以及钢板凹陷有多深,非常重要。测量低点时,把直尺放在凹陷上,根据直尺两端与钢板空隙的大小判断损伤的严重性。

图4-50　按压检查

图4-51　对比检查

对比受损和未受损表面时,如果将直尺放在凹陷表面,受损部位钢板表面和直尺端部的空隙将小于未受损部位的空隙。观察直尺端部和表面空隙的不同,来判断损伤的深度(图4-52)。

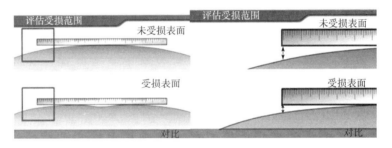

图4-52　测量损伤程度

测量高点时,通过直尺的运动判断损伤的严重性(图4-53)。在未受损表面移动直尺时,直尺与表面接触的点应该是平滑的曲线。如果存在高点,接触点不会移动太多,直尺将上下晃动。某些情况下,如果钢板有凹陷,则周围部位可能高于未受损部位表面,重视高点很重要。

5.标记受损部位的边缘

评估受损部位标记出上下左右边缘,用光滑曲线连接标记各点,示意出凹陷范围,如图4-54所示。

图4-53　测量损高点

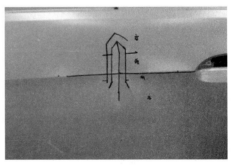

图4-54　标记损伤范围

(三)金属板件的收缩

对板件进行校正后,板件有延展的现象,这就要对板件进行收缩。在进行金属收缩操作前,尽量将损坏部位校正到与原来的形状相近,修理人员才可以准确地判断出损坏部位的金属是否受到拉伸,如果存在拉伸,就应该进行收缩。金属收缩有两种方法:敲击收缩法和加热收缩法。

1. 收缩锤和收缩顶铁敲击

使铁锤不在顶铁上敲击,敲击时铁锤要快速轻敲,沿着拱形表面的最低点开始敲击,逐步朝着拱形的最高点进行,要保证每次敲击的都是拱形的最低位置。

用收缩锤(内侧选平面顶铁)或收缩顶铁(外侧选平面锤)(图4-55)对板件锤击的过程中,收缩锤或收缩顶铁端面上的花纹,能使被锤击的金属随之发生微小的多面变形。这种因敲击再次发生微小变形,将板件表面拉紧、收缩,中间隆起也随之消除。

应用冷作法进行收缩时,要十分注意板件的形态变化,要有针对性地调整敲击点的位置、范围、力度、疏密等,当接近完成时,一般还要做一次精平。

2. 起皱收缩法

起皱法(图4-56)是处理拉伸变形的一种方法,它并不使金属发生加热收缩变形,而是用手锤和顶铁在拉伸变形部位做出一些皱来。操作时使顶铁错位,用鹤嘴锤轻轻敲击而使拉伸部位起皱。起皱的地方会比其他部位略低。用填料填满后,再用锉刀和砂纸将这一部分打磨得和板的其他部分齐平。

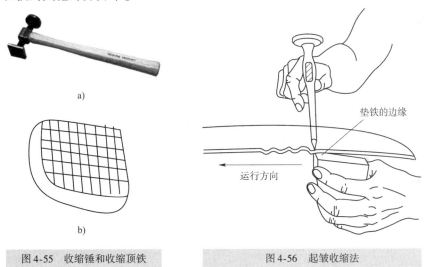

图4-55 收缩锤和收缩顶铁　　图4-56 起皱收缩法

3. 加热收缩法

随着温度上升,金属变得柔软(张力减小)。维修车身时应尽量避免加热(尤其是车架、大梁一定不可以用加热的方式来维修)。当钢材受热时,其颜色会随着温度上升而发生变化(图4-57)。以前的铁匠就是根据钢材的颜色变化来判断它的加热温度,但这需要长久的经验和优秀的观察能力才可以达到。

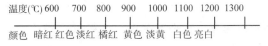

图4-57 加热对金属材料的影响

1) 火焰加热收缩法（图4-58）

对板件凹陷处中点局部快速加热，温度升高过程中以加热点为中心钢板向周围膨胀，对周边产生压应力。当温度继续上升，钢板局部烧红变软，解除了中心区的压力，使周围钢板恢复变形。烧红区域被压缩而变厚，周围钢板可以自由变形伸展恢复形状。对于局部加热点，可以突然进行喷水或用湿布贴覆，使加热部位突然冷却，钢板立即收缩，中心部位产生对于周边的拉伸载荷，强力将周边内中心拉伸，与变形过程中产生的压缩载荷相抵消，恢复原来形状。

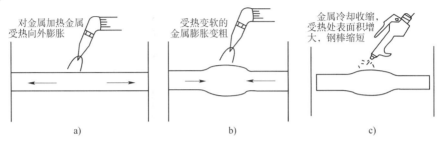

图4-58　加热收缩法

2) 碳棒加热法收缩（图4-59）

加热的区域为一定直径范围的圆圈状点，故又称点状加热。一般用外形修复机碳棒加热功能，一边加热一边用压缩空气吹冷。

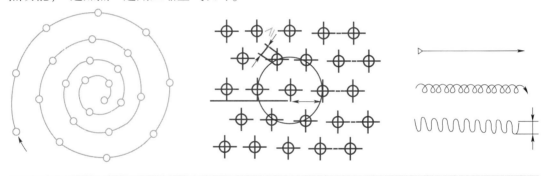

图4-59　碳棒加热收缩

四、准备实践操作

（一）设备及工具准备

(1) 防护装备：工作服，工作帽，防尘口罩，防护眼镜，手套，安全鞋。

(2) 手工工具：钣金锤，顶铁，整形架，大力钳，活动扳手。

(3) 气动工具：打磨机，砂带机，吹尘枪。

(4) 电动工具：外形修复机。

(5) 测量工具：车身测量尺，钢直尺，车身锉刀。

(6) 材料：变形汽车车门板件，砂纸（P60，P80），记号笔。

（二）利用钣金工具对汽车车门板件凹陷进行修复（国赛）

(1) 穿戴好防护用品，如图4-60所示。

(2) 检查工位、工具的情况，保证工具可正常安全的使用，如图4-61所示。

图 4-60　穿戴好防护用品

图 4-61　检查工具

（3）借助灯光找出凹陷的点，先将灯管放在待修板件的上方或侧面，让灯管与待修板件成垂直状态，从待修板件上呈现出图 4-62 所示状况。

（4）对凹陷部位进行观察、分析，用油性记号笔在门板上画出变形区域的分界线，如图 4-63 所示。

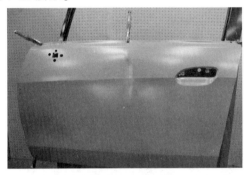
图 4-62　目视损伤范围

图 4-63　标出板件变形区域边界线

（5）触摸检查（图 4-64），伸直手腕，将力集中在手掌上，从不同方向轻轻触摸表面，感受损伤。

（6）按压检查（图 4-65），按压检查表面的张力，用足够的力按压受损部位直到拇指变白。对比未受损部位的张力，以此判断张力。

图 4-64　触摸检查损伤范围

图 4-65　按压检查钢板张力

（7）对比检查（图 4-66），用直尺检查受损和未受损表面在量上的区别。检查是否有高点，这些高点在哪里，以及钢板凹陷有多深，非常重要。测量低点时，把直尺放在凹陷上，根据直尺两端与钢板空隙的大小判断损伤的严重性。

（8）评估受损部位标记出上下左右边缘，用光滑曲线连接标记各点，示意出凹陷范围，如图4-67所示。

图4-66　对比检查钢板损伤程度

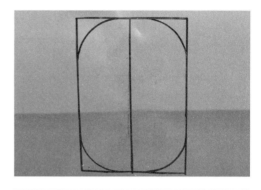

图4-67　标记损伤边缘

（9）用气动打磨机安装P60砂纸并清除凹陷部位的油漆层，如图4-68所示。

（10）检查打磨效果，经常检查磨料是否清洁，这是保证打磨效果的最好最有效的方法，如果磨料有粘结，应用刷子清除，如图4-69所示。

图4-68　除去门板旧漆

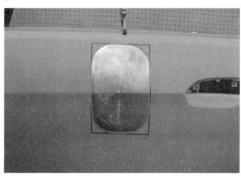

图4-69　检查打磨效果

（11）打磨后用吹尘枪吹去磨灰，如图4-70所示。

（12）在门板件的门边处打磨搭铁区域，如图4-71所示。

图4-70　清洁板件打磨区

图4-71　打磨搭铁区

（13）把工具还原，放入工具箱中。

（14）用钣金锤和顶铁粗整形板件凹陷变形，如图4-72所示。

（15）安装搭铁线，用大力钳把搭铁线固定在车门边搭铁区域，如图4-73所示。

图 4-72　粗整形凹陷

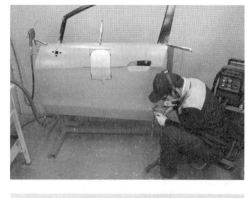
图 4-73　固定搭铁线

（16）开机并调整外形修复机，确定合适的焊接参数（奔腾外形修复机功率参数调节为总功率的 35%，时间为 3s），进行试焊，如图 4-74 所示。

（17）在门板棱线上焊接焊片，用整形架对凹陷部位进行拉伸（图 4-75），用钣金锤进行整形修复。

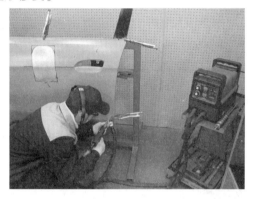
图 4-74　调节合适的参数试焊

图 4-75　用整形架拉伸棱线

（18）棱线基本修复后，对棱线以下区域进行拉伸，在拉伸的同时用钣金锤进行高点的整平，如图 4-76 所示。

（19）对棱线以上区域进行拉伸，在拉伸的同时用钣金锤进行高点的整平，如图 4-77 所示。

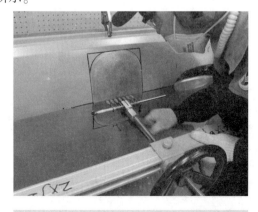
图 4-76　用整形架拉伸棱线以下区域

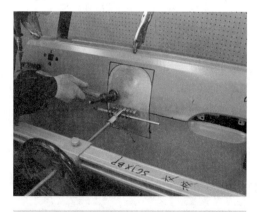
图 4-77　用整形架拉伸棱线以上区域

(20)门板凹陷时粗整形完成后,用滑锤从凹陷的边缘进行拉伸(图4-78),然后配合钣金锤进行整形,凹陷逐步被抬升,最后进行精修。

(21)检查修复后板件的外观,外观应平整无穿孔,如图4-79所示。

图4-78 用滑锤拉伸凹陷

图4-79 检查修复处外观

(22)如果板件修复处有弹性变形,则要对整形部位用碳棒进行收火,如图4-80所示。

(23)用直尺对整形部位进行测量(图4-81),应凹于原板件平面1mm以内,并用车身锉刀检查修复板件的平整度。

图4-80 碳棒收火

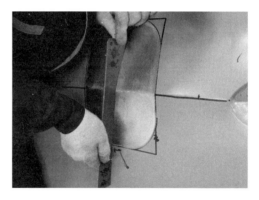
图4-81 修复尺寸检测

(24)对修复部位进行打磨(图4-82),除掉整形留下的痕迹。

(25)用吹尘枪除尘(图4-83)后检查是否符合标准,然后进行下一步。

图4-82 打磨整形部位

图4-83 吹尘枪除尘

(26)清洁、除油,修复完成后关闭修复机,整理工具并清洁场地,如图4-84所示。

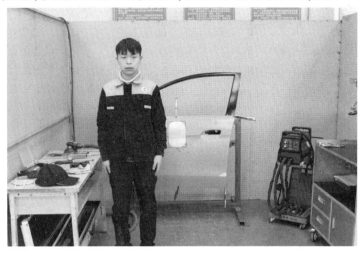

图4-84 整理工具

五、评估学习效果

(一)判断题

1. 金属板间接损坏是由直接损坏引起的。（　　）
2. 金属被推上去的部位称为压缩区,被拉下的部位称为拉伸区。（　　）
3. 使用外形修复机可以对板件微小凹痕进行修复。（　　）

(二)选择题

1. 车门板中间和边缘的强度是(　　)。
   A. 中间高、边缘低　　　　B. 中间低、边缘高
   C. 中间和边缘相同
2. 车门板上有一条划痕,其中直接损伤的比例是(　　)。
   A. 80%　　　　　　　　B. 50%　　　　　　　C. 10%~15%
3. 外形修复机是通过(　　)把垫圈焊接在钢板上的。
   A. 电弧加热　　　　　　B. 电阻热　　　　　　C. 火焰加热
4. 对板件进行热收缩时,要先从(　　)开始。
   A. 最高点　　　　　　　B. 中间位置　　　　　C. 最低点

六、学习成果展示

根据任务完成情况,学生按照汽车车门板损伤修复技能考核标准(表4-3),教师或指定组长过程巡视/验收检查时,发现问题时直接扣分,并在备注栏签名。

汽车车门板损伤修复技能考核标准　　　　表4-3

序号	项目	操作内容	规定分	评分标准	得分
1	着装安全防护	工作服、工作帽、安全鞋、防尘口罩、耳塞、防护眼镜、手套	14分	(1)整个过程中需要佩戴; (2)清洁除油戴橡胶手套; (3)其他工序戴棉纱手套; (4)不符合规定不得分	

续上表

序号	项目	操作内容	规定分	评分标准	得分
2	工具设备使用	外形修复机的使用	2分	未经试焊就直接焊接垫圈或者不熟悉修复机的使用不得分	
		单作用研磨机的使用	2分	单作用研磨机在使用后用润滑油进行润滑,且必须黏附砂纸使用,违规使用不得分	
		滑动锤的使用	2分	使用滑锤拉伸时摔倒不得分	
		焊接过程中垫圈跌落	2分	焊接垫圈时垫圈落地不得分	
3	工作安全	人员安全	2分	操作过程中人员跌倒、跪地不得分	
		正确的操作姿势	2分		
		烫伤	2分	手被烫伤不得分	
		使用碳棒缩火后碳棒摆放位置	2分	使用碳棒缩火后碳棒摆放位置接触到易燃物质不得分	
4	修复质量	用布清洁板件	2分	未进行该项目操作不得分	
		损伤区域判断方法	5分	判断方法不正确不得分	
		损伤区域标记方法	3分	标记方法不正确不得分	
		修复机调整、试焊	5分	直接焊接不得分	
		修复后的形状	5分	修复后的形状与规定形状不符合不得分	
		修复后损伤区域外观	12分	凹陷部位修复后高度低于原表面,差值≤1mm,超过范围扣6分,凹陷部位修复后高度高于原表面扣6分	
		修复后损伤位置钢板的强度	20分	钢板表面有延伸现象扣10分,钢板表面有穿孔现象一个扣5分,多则累计,最多扣10分	
		打磨后裸金属区域	5分	打磨后裸金属边缘不符合规定不得分	
		缩火操作方式	3分	缩火操作时未采用压缩空气枪快速冷却不得分	
		吹尘、除油	2分	磨圆后未进行该项目操作不得分	
5	结束	工具设备整理	6分	不做或不符合规定不得分	
		工作场地清洁	2分		
	总分		100分		

项目五　汽车车身结构件损伤的修复

本项目介绍汽车车身结构件修复技术。根据车身结构件损伤规律,车身结构件损伤修复分为三个工作任务,分别为:汽车车身损伤电子测量;汽车车身损伤校正;汽车车身板件的更换。学生通过三个工作任务的学习,掌握汽车结构件损伤修复的基本知识及修复技能。

任务1　汽车车身损伤电子测量

一、明确学习任务

(一)任务描述

某车在事故碰撞后严重变形,经初步分析,车身重要结构件已受损,对汽车进行校正修复,在校正修复前,必须对车身进行测量。现对车身进行测量,记录车身变形数据作为校正的依据。

(二)任务分析

车身尺寸特别是车身内部结构件的尺寸不正确会影响安装在上面的覆盖件之间的配合,在进行车身修复时,有许多修理人员往往把大量的精力和时间花费在外部覆盖件的调整上,而忽视了内部结构件的准确定位上,这样修复车身不仅要浪费大量的时间,而且修复的板件从外观上不能够保证正确的配合。有些修理人员在结构件没有准确定位时,急于安装覆盖件,往往安装位置不对,只能在结构件上重新制作新的安装位置。在车身校正过程中,必须要把所有的结构件的空间尺寸调整、恢复到标准尺寸后,才能够进行外部覆盖件的安装与调整,否则不仅调整时间长,而且维修质量也不高。

结构件切割的注意事项如下:
(1)正确穿戴防护用品。
(2)正确认识测量原理。
(3)正确使用测量工具。
(4)使用测量工具对车身进行测量。
(5)安全操作。

二、制订学习目标

(一)知识目标
(1)能叙述车身测量原理。
(2)能叙述车身测量设备的使用方法。
(3)能叙述车身的测量方法。

(二)技能目标
(1)能够正确使用测量工具。
(2)利用测量工具对车身损伤进行测量。

(三)职业素质目标

(1)培养学生安全操作意识。
(2)培养学生按照5S标准进行实践。
(3)培养学生团队协作和沟通能力。

三、准备理论知识

(一)车身测量基准

1.控制点

车身、车架校正时,常用到四个控制点,即前横梁、前围板横梁、后车门横梁、车身后横梁。由四个控制点位边界,把车身分为三个部分:前部车身、中部车身和后部车身。第一控制点通常在前保险杠或散热器框架支撑部位,第二控制点一般在前悬架支撑点,第三控制点在车身中间相当于后门框部位,第四控制点在车身后悬架支撑点。

车身测量的控制点(图5-1)用于检测车身损伤与变形程度。车身设计与制造中设有多个控制点,车损鉴定时可以根据各控制点之间尺寸的变化判定车身的损伤程度及修复工艺和方法。

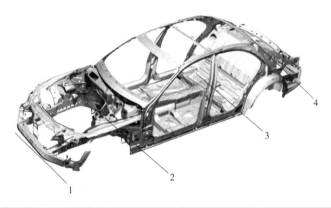

图5-1 车身上控制点的位置
1、2、3、4—四个控制点

2.基准面

基准面(图5-2)是一个假想的平面,与车身底板平行并与之有固定的距离。基准面被用来作为所有垂直尺寸测量的参照面,汽车高度尺寸数据就是从基准面得到的测量结果。

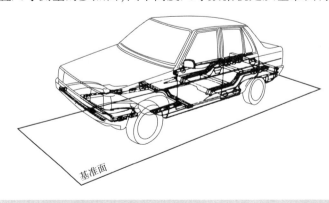

图5-2 高度基准面

3. 中心面

中心面(图5-3)是三维测量的宽度基准,也是假想的平面,将汽车分为左右对等的两部分。对称的汽车所有宽度尺寸都是以中心面为基准测得的。大部分汽车都是对称的,汽车从中心面到车身右侧特定点的测量尺寸与中心面到左侧同一点的测量尺寸是完全相同。

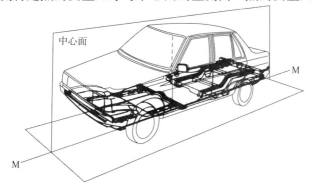

图5-3 中心面

4. 零平面

为了正确分析汽车损坏,将汽车看作一个矩形并分为前、中、后三部分,三部分的基准面称作零平面(图5-4)。车身结构中中部区域是一个具有相当大强度的刚性平面区域,在碰撞时受影响最小。所有的测量及对中观测结果都与中心零平面有关。汽车前部和后部的长度尺寸是以这两个零平面为基准的。

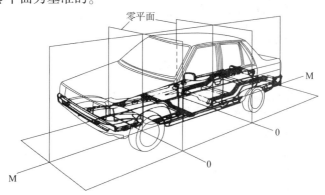

图5-4 零平面

(二)汽车车身尺寸测量工具

1. 机械式三维测量系统

通用测量系统(图5-5)不仅能够同时测量所有基准点,而且能使测量更容易、更精确。在测量时,只要将通用测量系统绕车辆移动,则能检查车辆的所有基准点,而且能快速确定车辆上每个基准点的位置。

正确安装测量系统各个部件后,用测量头来测量基准点,如果测量出车辆上的基准点与标准数据图上的位置不同,表面车辆上的基准点可能发生了

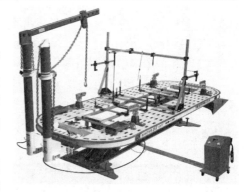

图5-5 机械式通用测量系统

变形。不在正确位置的基准点必须恢复到事故前的标准值,然后才能对其他点进行测量。

机械式测量系统由导轨、移动式测量柱、测量杆、测量针、接头组成,如图5-6所示。

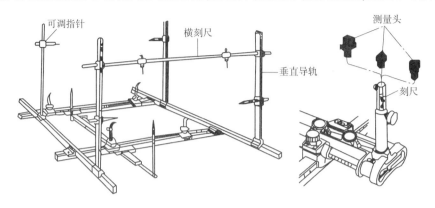

图5-6 桥式测量系统

2. 超声波测量系统

全自动电子测量系统中目前应用最广泛的一种是超声波测量系统(图5-7),它的测量精度可以达到±1mm,测量稳定、准确,可以瞬时测量,操作简便、高效。超声波测量系统由超声波发射器、超声波接收器(图5-8)、控制柜及各种测量头组成,如图5-9所示。

图5-7 超声波测量系统

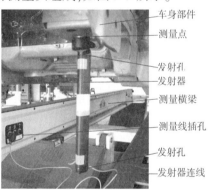

图5-8 超声波测量的传感器和接收器

超声波发射器有上下两个发声源同时发射超声波,由测量头转接器等安装在车身某一构件测量点上,发射器发送超声波,由于声音是以等速传播的,装在测量横梁上的两排48个接收器可快速准确地测量超声波在车辆上不同基准点之间传播所用的时间,计算机根据每个接收器接收情况自动计算出每个测量点的三维数据。

(三)汽车车身数据图识图

车身数据图提供了车身主要结构件、板件(车门、发动机罩、行李舱盖、翼子板)的安装位置、机械装置(发动机、悬架、转向系统等)的安装尺寸。学会车身数据图的识图将对车身测量打下基础。

1. 底部车身数据图

图5-10的上半部分是俯视图,下半部分是侧视图,用一条虚线隔开。图5-10的左侧部分代表车身的前方,右侧部分代表车身的后方,要读取数据首先要找到图5-10中长宽高的三个基准。

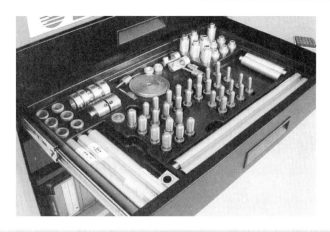

图 5-9　超声波测量头及转换器

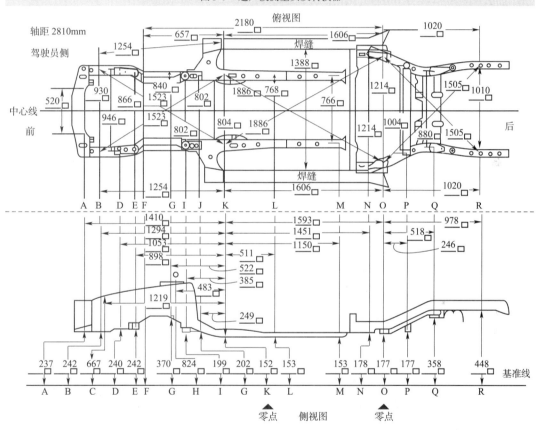

图 5-10　底部车身数据图

1) 宽度数据

在俯视图中间有一条横贯左右的线,这条线是中心面的投影,又称中心线,它把车身宽度一分为二。在俯视图上的黑点表示测量点,两个黑点之间有距离数据显示。

2) 高度数据

在侧视图的下方有一条较粗的黑线,这条线是车身高度的基准线,线下方有 A 至 R 的字母,表示测量点的名称,每个字母表示的测量点一般在俯视图上都显示两个左右对称的测量点。俯视图上每个点到高度基准线都有数据显示,这些数据是测量点的高度值。

3) 长度数据

在高度基准线的字母 K 和 O 下方各有一个小黑三角,表示 K 和 O 是长度方向的零点。它们是车身的长度基准点,K 是车身前部测量点的长度基准,O 是车身后部测量点的长度基准。从 K 点向上有一条线延伸到俯视图,在虚线下方位置可以看出汽车前部每个点到 J 点的长度数据。从 O 点向上有一条线延伸到俯视图,在虚线的下方位置可以看出汽车后部每个测量点到 O 点的长度数据。

2. 底部车身数据图识读

前部和中部车身数据图如图 5-11 所示,后部车身宽度数据图如图 5-12 所示。

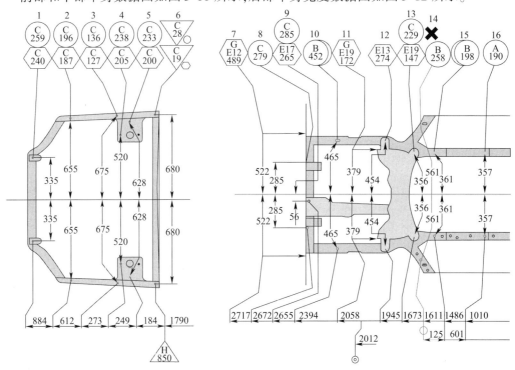

图 5-11　前部和中部车身数据图

1) 宽度数据

在俯视图的中心部位有一条线把车身一分为二,这条线就是中心面的投影。车身上的测量点用 1~28 的数字表示,每个数字代表车身上左右两个测量点分别到中心面的距离数据,可以直接读出任一测量点的宽度数据。

2) 高度数据

在数据图的上方有一排图标,有圆圈、六角形和三角形等,内部有 A、B、C 和 E 等字母和数字。圆圈表示测量是一个孔,六角形表示测量点一个螺栓,三角形表示测量部件的表面。A、B、C、E 等字母表示测量用测量头型号。数值表示高度,有时同一个点有两个高度值,是因为在测量有螺栓时或拆掉螺栓后的高度是不同的。

3) 长度数据

在 14 和 18 测量点位置有两个黑色的 X,表示这两点是长度方向的基准。以车身后部 18 号点为长度基准,得到汽车前部各个测量点的长度数值,以车身前部 14 号点为长度基准,得到汽车后部各个测量点的长度数值。

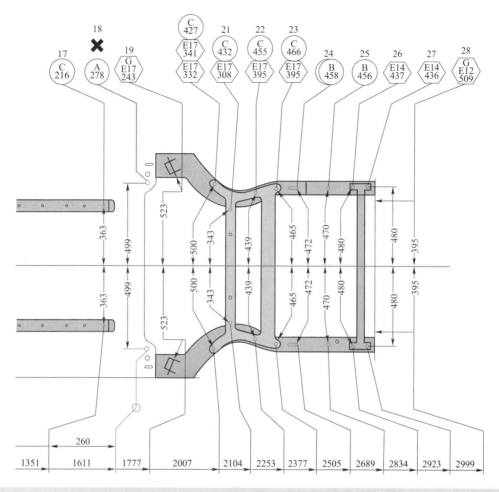

图 5-12　后部车身宽度数据图(尺寸单位:mm)

找 5 号点长宽高数据,5 号点属于发动机舱的数据,左右测量点分别到中心面的宽度数据为 628mm,高度尺寸是从原基准面上 850mm 为新的高度基准测量的,从这点向下测量就可以得到发动机各测量点的高度尺寸。在数字 5 的下方圆圈内有字母 C 和数字 233,六角形内有字母 C 和数字 200,表示用 C 形测量头测量时,5 号测量点高度为 233mm,为螺栓时高度为 200mm,5 号点距离原高度基准的高度尺寸是 850−233＝617(mm)和 850−200＝650(mm)。在发动机舱图下方表示的是长度尺寸,5 号点距离新长度基准 6 号点的长度尺寸是 184mm,而距离长度基准 18 号点的长度尺寸是 1790＋184＝1974(mm)。

四、进行实践操作

(一)设备及工具准备

(1)防护装备:头盔、工作服、工作帽、防尘口罩、防护眼镜、手套、安全鞋。
(2)手工工具:各种手工工具。
(3)测量设备:奔腾电子测量系统。
(4)材料:变形车身、记号笔、记录本。

(二)规范使用测量系统进行测量

(1)安放测量横梁(图 5-13)。

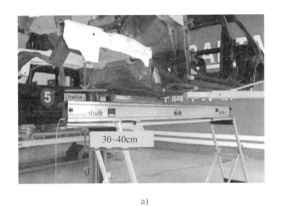 

a) b)

图5-13 安放测量横梁

将车辆举升到一定高度,把测量横梁安放到车身下部。调整车身下部的最低点与横梁下平面的距离在 30~40cm,横梁与车辆方向调成一致。

(2)系统连接。

将测量横梁与控制电脑相连(图5-14),要求采用稳压电源。

图5-14 连接横梁

(3)开机进入系统界面。

选择语言种类(图5-15)。为了方便各国的使用者,系统内安装了几种语言形式。

a) b) c)

图5-15 语言选择

(4)选择车辆型号。记录客户信息(图5-16),包括车辆的信息和车主的信息,这些信息可以与后面测量的结果一起存储,方便以后再次查询。

(5)选择车辆的类型(图5-17)。

选择汽车公司、汽车品牌、生产年代,从数据系统内调出符合的车型数据图。

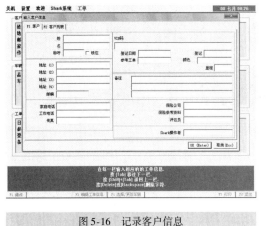

图 5-16　记录客户信息

图 5-17　选择车型

(6)测量模式选择(图 5-18)。

根据车辆受损情况点击"Page Up"和"Page Down",或通过左右箭头键选择有无悬架,系统有悬架模式和无悬架模式,可根据实际情况选定。如果车身已经将悬架拆除了,就选择无悬架模式;如果车身未将悬架拆除掉,就选择有悬架模式。

(7)选择测量基准(图 5-19)。

根据车辆的损坏情况来选择长度基准。若汽车前端发生碰撞则选择后面的基准作为长度基准;若汽车的后端发生碰撞则选择前面的基准作为长度基准;如果车身中部发生碰撞,则要对车身中部进行整修,直到车身中部四个基准点有三个的尺寸被恢复。

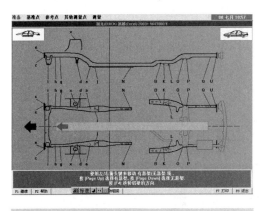

图 5-18　车辆模式选择

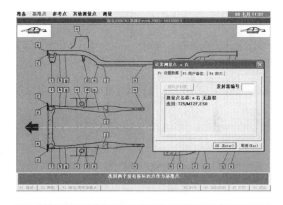

图 5-19　基准点的选择

(8)测量点传感器的安装(图 5-20)。

根据车身的损坏情况来选择车身上哪些点需要测量,按照计算机的提示选择合适的安装头;如果对要测量的车身不是太熟悉,计算机还可以显示测量的位置图片;根据测量点的实际情况,选择探头;如果安装位置是孔,需要使用孔探头。

如果安装位置在正面上,需要用转换接头改变方向,如果长度不合适,可以选择长度合适的加长杆补偿,如图 5-21 所示。

将发射器根据要求安装到车身测量点的测量孔或螺栓头上。把传感器的连接线连接到选定的接口上,完成测量头的安装,如图 5-22 所示。

图5-20 各种测量探头

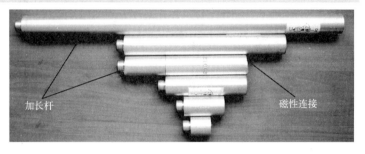

图5-21 安装探头各种加长杆

(9) 测量数据。

①基准点的测量 计算机根据需要能自动地把基准点的测量数值显示出来,包括测量点的实际数值、标准数值和两者之差,如图5-23所示。

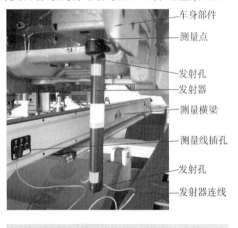

图5-22 发射器　　　　　　　　图5-23 测量界面

②其他点的测量。基准点的尺寸测量完成以后,进行其他点的测量。点击上次在测量(为白色框)的点,在弹出的对话框中选择删除发射器,该点将变成蓝色,然后再选择要测量的其他点进行测量,如图5-24所示。

(10) 拉伸校正中的测量。

在拉伸校正中,超声波测量系统可以一次测量多个测量点,能同时对几个点进行测量监控。可以选择持续测量实时监控模式,系统会自动间隔很短的时间发射一次超声波进行测量,并把最新的测量结果在显示器上实时显示。在校正过程中,修理技师可以很直观地观察到车身尺寸的变化情况。

实时监控(图5-25)。在测量界面点击F2会进入拉伸界面。发射器会不间断地测量,实时对车身进行监控。圆圈代表高度方向的误差。线条代表长度和宽度方向的,起始点代表目前变形车身的位置,终止点代表正确位置。如要对每点进行放大点击F1。

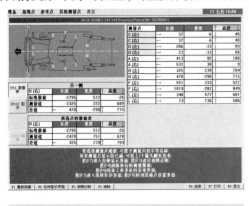

图5-24 所有测量数据

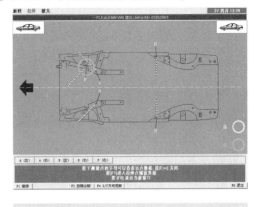

图5-25 实时监控界面

拉伸界面的放大显示,能够更醒目地显示车辆测量点的变形与修复情况,如图5-26所示。

(11)数据打印。

车身测量完成后,可以将测量的数据进行存储及打印出来,如图5-27所示。

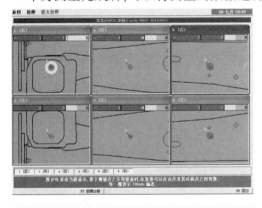

图5-26 各点实时监控界面

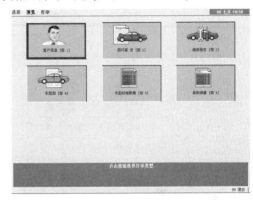

图5-27 各种数据界面

五、评估学习效果

(一)判断题

1. 在所有的修复程序进行之前,先要对碰撞损坏的车辆进行全面、细致的损伤评估。 (   )
2. 损伤诊断检查中,通过目测方式一般不会遗漏掉所有的损伤。 (   )
3. 点对点测量时,轨道式量规可以与车身基准面不平行。 (   )
4. 车身测量时,车身中间部分最先测量。 (   )

(二)选择题

1. 点对点的测量可以使用(   )测量系统进行。
   A. 轨道式量规　　　　B. 中心量规　　　　C. 麦弗逊撑杆式中心量规
2. (   )测量系统可以测量出实际的尺寸数值。
   A. 专用测量头　　　　B. 中心量规　　　　C. 轨道式量规

3.用同缘测量法测量两个孔的距离时,外边缘距离 450mm,内边缘距离 430mm,两个孔的距离是( ) mm。

  A.430   B.440   C.450

4.车身电子测量系统的测量精度要达到( )mm。

  A.±1   B.0.5   C.1.5

5.超声波测量系统横梁上的上下两排小孔的作用是( )。

  A.发射超声波   B.反射超声波   C.接收超声波

六、学习成果展示

根据任务完成情况,学生按照车身电子测量技能考核标准(表5-1)自我评分,教师或指定组长过程巡视/验收检查时,发现问题时直接扣分,并在备注栏签名。

车身电子测量技能考核标准   表5-1

序号	项目	操作内容	规定分	评分标准	得分
1	准备	清点工具、清理工位	2分	酌情扣分	
2	安全防护	操作时穿工作服	2分	未穿工作服扣1~2分	
		操作时戴工作帽	2分	未戴工作帽扣1~2分	
		操作时戴防护眼镜	2分	未戴防护眼镜扣1~2分	
		操作时戴手套	2分	未戴手套扣1~2分	
		操作时穿安全鞋	2分	未穿安全鞋扣1~2分	
		有无佩戴金属饰物	2分	佩戴金属饰物扣1~2分	
3	工作流程	连接测量设备	2分	操作不当扣1~2分	
		进入测量界面	2分	操作不当扣1~2分	
		选择实际操作车辆的相关信息	2分	操作不当扣1~2分	
		基准点测量附件选择并安装	4分	操作不当扣1~4分	
		参考点测量附件选择并安装	4分	操作不当扣1~4分	
		测量点1的测量附件安装与测量	4分	操作不当扣1~4分	
		测量点2的测量附件安装与测量	4分	操作不当扣1~4分	
		测量点3的测量附件安装与测量	4分	操作不当扣1~4分	
		测量点4的测量附件安装与测量	4分	操作不当扣1~4分	
4	测量数据	基准点:长、宽、高	4分	数据不符扣1~4分	
		参考点:长、宽、高	4分	数据不符扣1~4分	
		测量点1:长、宽、高	6分	数据不符扣1~6分	
		测量点2:长、宽、高	6分	数据不符扣1~6分	
		测量点3:长、宽、高	6分	数据不符扣1~6分	
		测量点4:长、宽、高	6分	数据不符扣1~6分	
5	工具使用	正确选用测量附件	2分	操作不当扣1~2分	
		手持测量附件正确	2分	操作不当扣1~2分	
		正确选择测量附件安装工具	2分	操作不当扣1~2分	
		安装方法正确	2分	操作不当扣1~2分	
		正确、合理拆卸测量附件	2分	操作不当扣1~2分	

续上表

序号	项目	操作内容	规定分	评分标准	得分
6	作业安全	工具设备使用安全	2分	操作不当扣1~5分	
		设备、工具的跌落	3分	操作不当扣1~5分	
7	完成时间	时间共30min	2分	未达标扣1~2分	
8	工单填写情况	书写整齐,全面	2分	未达标扣1~2分	
9	结束	工具清洁与归位;工作场地的清洁	5分	(1)漏一项扣1~2分; (2)不彻底扣1~5分	
		总分	100分		

任务2　汽车车身损伤校正

一、明确学习任务

(一)任务描述

某车在一次事故中受到严重的碰撞,前部凹陷损伤,现用大梁校正仪对车身进行校正修复,对车身校正第一步是对车身校正系统的认识和使用,现对车身校正仪进行结构的认识和使用。

(二)任务分析

修复的板件从外观上不能够保证正确的配合。有些修理人员在结构件没有准确定位时,急于安装覆盖件,往往安装位置不对,只能在结构件上重新制作新的安装位置。在车身校正过程中,必须要把所有的结构件的空间尺寸调整、恢复到标准尺寸后,才能够进行外部覆盖件的安装与调整,否则不仅调整时间长,而且维修质量也不好。

结构件切割的注意事项如下:

(1)正确穿戴防护用品。

(2)正确认识测量原理。

(3)正确使用测量工具。

(4)使用测量工具对车身进行测量。

(5)安全操作。

二、制订学习目标

(一)知识目标

(1)能叙述车身校正仪的结构。

(2)能叙述车身校正仪的使用方法。

(二)技能目标

(1)能够正确使用车身校正仪。

(2)利用车身校正仪进行车身损伤的校正。

(三)职业素质目标

(1)培养学生安全操作意识。

(2)培养学生按照5S标准进行实践。
(3)培养学生团队协作和沟通能力。

三、准备理论知识

(一)校正仪组成

车身修理中为了达到比较好的修复效果,必须使用有能力完成多种基本修复功能的校正设备,车身校正设备必须配备高精度、全功能的校正工具;配备多功能的固定器和夹具;配备多功能、全方位的拉伸装置;配备精确的三维测量系统。

平台式车身校正仪(图5-28)是一款通用型的车身校正设备,可以对各种类型、型号的车身进行有效校正。

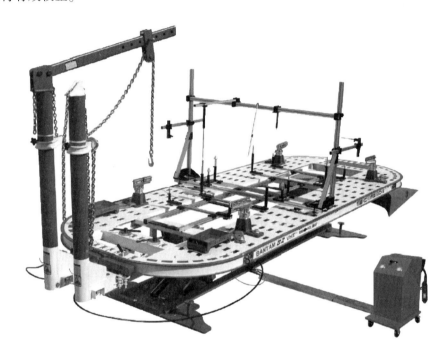

图5-28 平台式车身校正仪

平台式车身校正仪配备有两个或多个塔柱进行拉伸校正,塔柱可在绕车身的任何角度、任何高度和任何方向进行拉伸,车身校正仪有液压倾斜装置或整体液压升降装置,利用一个手动或电动拉车器,将车身拉到或推到校正平台的一定位置上。平台式车身校正仪同时配备了很好的通用测量系统,通过测量系统精确的测量,可指导拉伸校正工作准确、高效地进行。

1. 平台

校正仪平台是车身修复的主要工作台,拉伸校正、测量、板件更换等工作都在平台上完成。

2. 升降系统

通过上车系统和平台升降系统(图5-29)可以把事故车放置在校正平台上。平台的工作高度有固定式和可调式,固定式一般为倾斜式升降,高度在500~600mm。

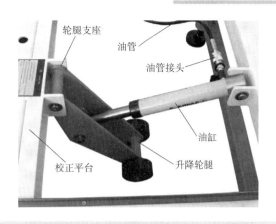

图 5-29 液压升降机构

3. 主夹具

修理前,固定在平台上的主夹具(图 5-30)将车辆固定在平台上,车辆、平台和主夹具成为一个刚性的整体,车辆在拉伸操作时不能移动。

图 5-30 不同形式的主夹具

在汽车的未受损伤部分至少需要三个控制点才能使汽车正确地固定在校正平台上。这三个点组成一个基准面,其他的所有测试都将以该基准面为基准。对于汽车前部、后部受损,主夹具一般夹持在中部(图 5-31)。如果可以利用的未受损伤的控制点不足三个,那么可以在车身底部进行初步修整,直到有三个控制点。

4. 液压系统

车身拉伸校正工作是通过液压系统(图 5-32)的强大力把车身上的变形板件拉伸到位。校正仪上的气动液压泵通过油管把液压油输送到塔柱内部的油缸中,推动油缸的活塞顶出。

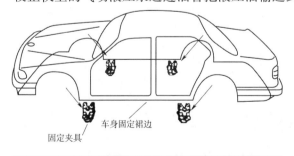

图 5-31 汽车在平台上固定

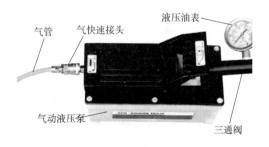

图 5-32 液压系统

5. 塔柱拉伸系统

损坏板件的拉伸操作是通过塔柱来实现的。塔柱(图 5-33)内部有油缸,液压油推动油缸活塞,活塞推动塔柱的顶杆,顶杆伸出塔柱的同时拉动链条,在顶杆的后部有链条锁紧窝把链条锁住,通过导向环把拉力的方向改变成需要进行拉伸的方向。

6. 钣金工具

钣金工具包括各种对车身部位拉伸的夹持工具,如图5-34所示。

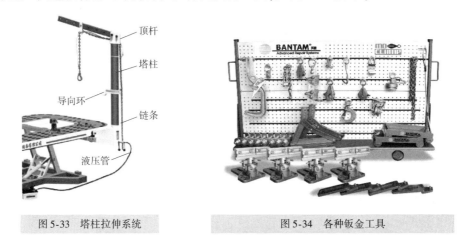

图5-33 塔柱拉伸系统　　　　　　　图5-34 各种钣金工具

(二)车身校正系统的使用

(1)了解各种车身校正板件夹具的使用情况,如图5-35所示。

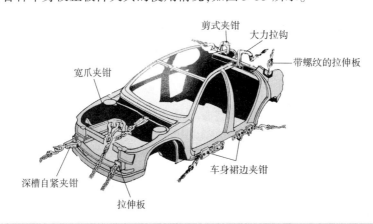

图5-35 各种钣金夹具的安装情况

(2)夹具的使用,车身夹具的形状及其齿的方向决定可进行拉拔的方向,如图5-36所示。

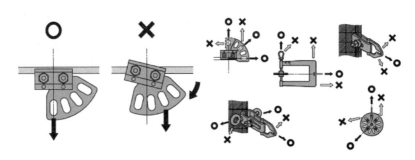

图5-36 车身夹具的正确使用

(3)拉钩和拉带的正确使用,如图 5-37 所示。
(4)链条和链条连接工具的使用,如图 5-38 所示。

图 5-37　拉钩和拉带的正确使用

图 5-38　链条和链条连接工具的使用

拉伸用的链条是专用的链条,其最大承载能力为 80kN,链条连接拉钩可以将链条快速地与夹持工具进行连接和拆卸,使用方便。链条连接器可以将两条较短的链条进行连接,使其达到要求的长度,也可以将较长的链条缩短到要求的有效长度。

(5)其他工具,如图 5-39 所示。

a)

b)

图 5-39　链条和快速拉板

(三)前车身碰撞变形检查的程序

1. 检查整个车身,检查外板、配件和内饰零件的损坏和安装情况。
步骤如下:
(1)对外板、配件和内饰零件的损伤进行目视和触摸检查。
(2)通过目视检查、触摸检查和直尺等,检查钢板之间的间隙、偏差、段差和高低差。
(3)通过在打开和关闭车门时检查锁和锁扣之间的接触情况以及车门的锁紧程度,检查钢板的打开和关闭情况。

2. 详细检查车辆
(1)拆下配件、更换钢板等,然后通过目视详细检查车辆的受损情况。
(2)检测结果,如图 5-40 ~ 图 5-43 所示。

图 5-40　前横梁变形

图 5-41　保险杠加强梁变形

图 5-42　左前侧梁结合部位变形

图 5-43　左前侧梁下表面凸缘部位变形

(3) 推测。

① 由于左前车门板的打开和关闭无问题,因此可推断前柱以外的车架无损伤。

② 由于测梁中央下表面凸缘部位的曲折变形很明显,因此可推测左前测梁的端部已掉落。

③ 由于右前测梁无变形,因此可推测仅有微小损伤。

四、进行实践操作

(一) 设备及工具准备

(1) 防护装备:工作服,工作帽,防尘口罩,防护眼镜,手套,安全鞋。

(2) 手工工具:各种手工工具。

(3) 校正设备:大梁校正仪,测量工具。

(4) 材料:凹陷变形车身。

(二) 汽车凹陷变形校正工序

(1) 车身损坏分析(图 5-44)确定拉伸程序。通过碰撞位置可以分析出车身的左前方受到碰撞,散热器框架和前纵梁受到严重损坏,前立柱也向后变形,就需要按照与碰撞方向相反的方向对左前纵梁和左前立柱进行拉伸,在左前立柱尺寸恢复后,再把需要恢复的左前纵梁拆除,然后,再修复右前挡泥板和右前纵梁。

(2) 拆下车轮,然后安装车轮支架(图 5-45),把支架放到拖车器上,通过牵引器把汽车拖到校正平台上,车身前部放在校正平台的前部。

图 5-44　车身损伤分析　　　　　图 5-45　安装车轮支架

(3) 通过主夹具安装固定车身,用千斤顶把车身举起,车身裙边也放到主夹具钳口内,然后固定住夹具,使车身和平台成为刚性连接。

(4) 进行前保险杠、翼子板、散热器框架、发动机罩、散热器、前照灯及相关部件的拆卸,然后拆卸发动机舱中的机械部件,同时还要拆除仪表板、内饰板等附件。

(5) 进行散热器框架的的预拉伸(图 5-46),用切割锯将散热器框架切除,然后拆卸散热器等。

(6) 钻除前纵梁根部焊点,先用打磨机将防锈涂层打磨掉,然后用钻头钻去焊点。

(7) 进行车身测量,记录前部所有关键测量点和变形数据,如图 5-47 所示。

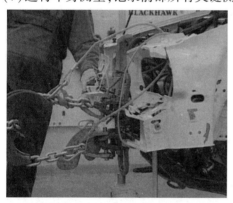 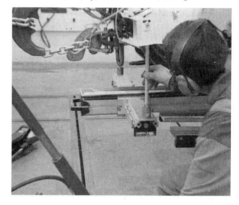

图 5-46　散热器框架的预拉伸　　　　图 5-47　进行车身测量

(8) 对前挡泥板进行拉伸(图 5-48)。通过拉伸前纵梁产生一定变形后保持拉力然后锤击变形部位,以消除应力,泄压放松拉力,检查变形恢复了多少,再重新拉伸保持放松应力直到变形部位尺寸恢复到标准数据误差范围内。

(9) 对前立柱进行校正(图 5-49)。在安装部位附近截断内加强板和纵梁,在主要损伤部位附近夹紧,然后进行拉拔。在对前立柱向前进行拉拔的同时,还可以用一个便携式油缸从内侧撑顶。

(10) 车身校正好后,进行更换部件的安装。对前纵梁、挡泥板、散热器框架进行安装,安装时要按原来痕迹进行安装,先定位车身板件,举升纵梁到安装标记部位,用大力钳定位,把散热器框架安装到纵梁上,然后测量数据,并把数据调到误差范围内。

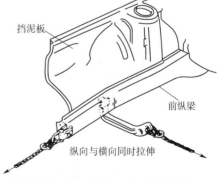

图 5-48　拉伸前纵梁

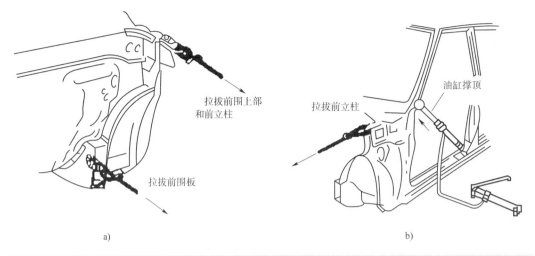

图 5-49 前立柱的复合拉伸

(11) 安装翼子板和发动机罩,检查外部板件相互间的间隙是否均匀,先进行临时安装。

(12) 做好定位标记后拆下翼子板和发动机罩,重新测量数据,确定无变化后,进行板件焊接。

(13) 焊接好后,安装翼子板和发动机罩、前照灯、保险杠、散热器等部件。

(14) 纵向拉伸车辆的中部(图 5-50)。主夹具紧固在车辆的门槛板裙边上,主夹具与平台之间不固定。用液压顶杆顶在两个主夹具上进行中部向两侧的拉伸。同时在中立柱门槛上边的裙边上安装两个夹具进行侧向拉伸,因为中部受损后拉伸力比较大,需要同时进行两个点以上、多个方向的拉伸。

(15) 拉伸车辆的前端弯曲(图 5-51)。由于车辆的前后有弯曲变形,所以要对前部进行校正。通过测量可以看出前纵梁的尺寸有朝向撞击方向的变形,用尼龙带或其他夹具对前纵梁进行拉伸。拉伸时注意链条导向环和链条的高度要与纵梁平齐,不要太高或太低,否则拉伸时会产生向上或向下的力,使纵梁产生上下弯曲变形。

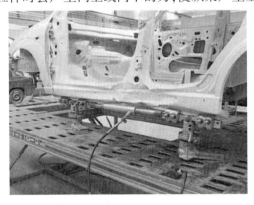

图 5-50 拉伸车身的中部

图 5-51 拉伸车辆的前端弯曲

(16) 拉伸车辆后部(图 5-52)。由于后纵梁与前纵梁存在同样的问题,也要根据测量尺寸的结果来进行校正。

(17) 侧向拉伸门槛板(图 5-53)。在碰撞时门槛板承受了大量的力,变形量大,有些板件可能需要更换,但必须在进行校正后才能够进行更换。通过大力拉钩向外进行拉伸,注意大力拉钩与车辆板件的接触受力点要根据情况选择不同接触面积的垫块,同时注意拉伸的方向,遵循拉伸的要点,使应力充分放松。

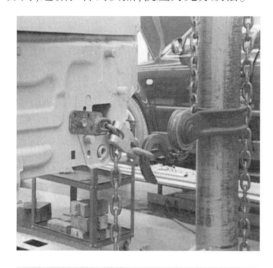

图 5-52 拉伸车辆后部

图 5-53 拉伸门槛板

(18)侧向拉伸中立柱(图 5-54)。中立柱在碰撞中也会变形需要拉伸。在车门的铰链、门锁安装点、车门裙边的焊接接口处都会有一些尺寸数据,通过测量来确定拉伸的程度。在拉伸中立柱下部时,为了防止中立柱上部也跟着变形,需要用尼龙带在中立柱上部进行辅助拉伸。

图 5-54 拉伸车身中立柱

(19)校正后的检查(图 5-55)。修理完成后,要对车辆进行最后的检查。在检查时,修理人员要绕着车身周围观察,看看是否有明显的校正错误。如果在车顶线和车门之间出现大的缝隙,则说明还有少量的损坏存在。检查修理顺序,看每一项是否做好了,如果检查中发现问题,应马上将车固定起来,重新进行拉伸,不要等到更多的修理程序完成之后,又发现损坏,再来修理。

(20)测量无误后,收拾工具设备,清洁场地。

图 5-55 对校正后的车身进行检查

五、评估学习效果

(一) 判断题

1. 整体式车身采用了轻型、高强度合金钢,在修理时的处理、校正和焊接技术也与车架式车身不同。（　　）
2. 整体式车身有部分骨架,其他的部件全部焊接在一起。（　　）
3. 纵梁是在车身前部底下延伸的箱形截面梁,通常是承载式车身上最坚固的部件。（　　）
4. 汽车前后纵梁在制造中有特别压制的凹痕,增加此部位加工硬化的程度,同时加大了纵梁的强度。（　　）
5. 整体式车身刚性较大,有助于向整个车身传递和分散冲击能量,使远离冲击点的一些部位也会有变形。（　　）

(二) 选择题

1. (　　)不是车身的结构性部件。
   A. 前立柱　　　　　　B. 后纵梁　　　　　　C. 后侧围板
2. 整体式车身的(　　)刚性最大。
   A. 前车身　　　　　　B. 中车身　　　　　　C. 后车身
3. 整体式车身防止侧面撞击的主要部件有(　　)。
   A. 门槛板和中立柱　　　　　　　　　　　B. 中立柱和地板
   C. 中立柱和车门

六、学习成果展示

根据任务完成情况,学生按照车身校正技能考核标准(表 5-2)自我评分,教师或指定组长过程巡视/验收检查时,发现问题时直接扣分,并在备注栏签名。

车身校正技能考核标准　　　　表 5-2

序号	项目	操作内容	规定分	评分标准	得分
1	着装安全防护	工作服、工作帽、安全鞋、防尘口罩、耳塞、防护眼镜、棉纱手套	10 分	(1) 整个过程中需要佩戴; (2) 不符合规定不得分	

续上表

序号	项目	操作内容	规定分	评分标准	得分
2	工具设备使用	评估车身损伤	10 分	不正确不得分	
		对车身板件进行拆卸	10 分	不正确拆卸不得分	
		对车身进行校正	15 分	不正确校正不得分	
		对车身板件进行焊接	15 分	不正确焊接不得分	
		对车身板件进行安装	15 分	不正确安装不得分	
3	工作安全	人员安全	5 分	操作过程中有不安全因素不得分	
		正确的操作	10 分		
4	结束	工具设备防护用品整理	5 分	不做或不符合规定不得分	
		工作场地清洁	5 分		
		总分	100 分		

任务3 汽车车身板件的更换

一、明确学习任务

(一)任务描述

某车辆在一次事故中受到严重的碰撞,车辆中部变形,需要对中立柱结构件进行修复,经分析评估,该车辆碰撞比较严重,需要对中立柱结构件进行更换,在更换之前要进行中立柱的切割,现利用切割工具对损坏的中立柱进行切割。

(二)任务分析

车身钢板的更换,一般只针对于钢板在遭受猛烈撞击后损伤严重,经确认无法修复或修复后无法达到其原有形状和性能的一种维修手段。在进行此项工作时,应利用经验并采用适当的技术和工艺规程,正确地分割。

切割更换是对损伤部位进行局部切割后,在切割部位焊接上与原来形状相同的板件。在车身钢板更换时,要根据实际情况,严格按照操作规程,在确保不改变车辆的原有性能和强度的前提下对钢板进行局部的切割和焊接。

结构件切割的注意事项如下:
(1)正确穿戴防护用品。
(2)正确认识切割工具。
(3)正确使用切割工具。
(4)使用切割工具对损坏的结构件进行切割。
(5)安全操作。

二、制订学习目标

(一)知识目标

(1)能进行车身板件分割工具选择。
(2)能叙述车身板件切割工具的使用方法。
(3)能叙述车身结构件的切割方法。

(二)技能目标

(1)能够正确使用切割工具。
(2)会对车身板件进行正确分割。
(3)会进行中立柱的正确更换。

(三)职业素质目标

(1)培养学生安全操作意识。
(2)培养学生按照5S标准进行实践。
(3)培养学生团队协作和沟通能力。

三、准备理论知识

(一)电阻点焊焊接质量影响因素

使用电阻点焊机焊接时,除了焊机本身的电流、压力、电极臂等因素影响焊接质量外,还存在以下因素。

1.焊件表面间的间隙

在焊接之前,应当把焊件表面整平(图5-56)。如果焊件表面之间留有任何间隙,都将导致电流导通不良,尽管不消除这种间隙也能进行焊接、但是焊点面积变小,造成焊接强度不足。消除这一间隙,可用夹钳将焊件牢牢地夹紧。

2.焊件表面处理

焊件表面如果有漆膜、锈迹、灰尘或其他污物,就会降低焊接质量、应把它们清除干净,以使电流畅通。

3.点焊操作

使电极头与焊件表面保持垂直(图5-57),否则电流会减弱,导致焊接强度不够。对于三层或更多层重叠的点焊,应焊两次。

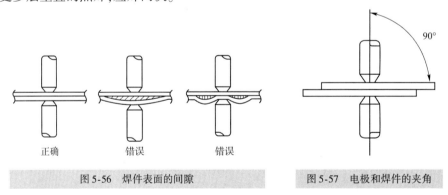

图5-56 焊件表面的间隙　　图5-57 电极和焊件的夹角

4.焊点数量

由于汽车修理厂所用的点焊机的功率一般都比汽车制造厂所用的小,因此,修理厂的焊点数量应当比原有焊点多30%,如图5-58所示。

5.焊点间距离

各个焊缝的强度由焊点间距和边缘距离(焊点到板外缘的距离)决定,如图5-59所示。焊点间距减小,板件连接强度就增加,但焊点间距小到一定程度后如果再减小,板件的连接强度也不会再增大,因为电流会流向以前的焊点。随着焊点数量的增加,电流分流也会增多,而这种分流流出的电流又不会使焊点的温度升高。

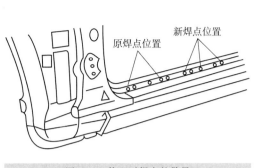 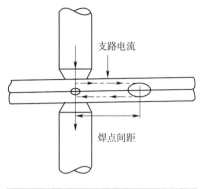

图 5-58　修理时焊点的数量　　　　　图 5-59　焊点的分流

焊点间距的大小应控制在不致形成支路电流的范围内，一般要参照表 5-3 中给出的数值，如图 5-60 所示。

焊点间距　　　　　　　　　　　　　　　表 5-3

板厚(mm)	焊点间距 s(mm)	边缘距离 p(mm)
0.4	≥11.0	≥5.0
0.8	≥14.0	≥5.0
<1.2	≥18.0	≥6.5
1.2	≥22.0	≥7.0
1.6	≥29.0	≥8.0

边缘距离是由焊接电极头的位置决定的，如图 5-61 所示。如果边缘距离不足，即使焊接正常，焊接强度也会不够。在靠近板件端面焊接时应参照表 5-4 中给出的值，如果距离太小，就会导致焊接强度不够并引起板件变形。

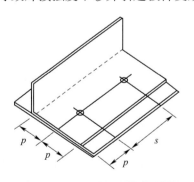 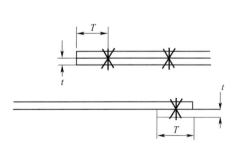

图 5-60　焊点的最小距离　　　　　图 5-61　焊点到板外缘和端面的距离

边缘距离　　　　　　　　　　　　　　　表 5-4

板厚 t(mm)	最小边缘距离 T(mm)	板厚 t(mm)	最小边缘距离 T(mm)
0.4	≥11.0	1.2	≥14.0
0.8	≥11.0	1.6	≥16.0
<1.2	≥12.0	2.0	≥17.5

6. 点焊顺序

不要只在一个方向上连续点焊,这种方法的焊接强度较低,如图 5-62 所示。如果电极头过热变色,应停下来冷却。

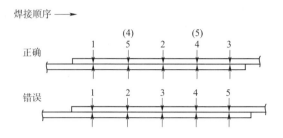

图 5-62 点焊顺序

(二) 车身板件分割工具

汽车车身板件更换过程中,常用到一些切割工具,这些工具能帮助车身修理人员快速地切割板件,包括气动切割锯、气动錾子、焊点削转机、等离子切割机。

1. 气动切割锯

车身修理中常用气动往复式切割锯(图 5-63),用于金属外板件、结构件的分割。切割锯锯切间隙宽度小,适用于金属薄板的切割。

2. 气动錾子

气动錾子(图 5-64)用于快速进行粗切割作业,能节省大量时间,还能破开咬死的减振器螺母,以及去除焊接溅出物和破碎焊点。

图 5-63 气动切割锯

图 5-64 气动錾子

3. 气动焊点削转机

气动焊点削转机(图 5-65)可以进行车身电阻点焊焊点的去除,气动焊点削转机配有进度限装置,保证在分离板件的同时不会损坏下层板件。

4. 等离子切割机

等离子切割是利用高温等离子电弧的热量使工件切口处的金属部分或局部熔化和蒸发,并借高速等离子的动量排除熔融金属以形成切口的一种切割方法。

等离子切割机(图 5-66)操作:

(1)将等离子切割机连接到一个清洁、干燥的压缩空气源上,等离子切割机和压缩空气连接处的最大输送管压力为 0.3~0.5MPa。

(2)将焊炬和夹紧装置的电线连接到等离子切割机上。将等离子切割机电源插头插到符合制造厂规定的电源上,然后将地线夹连接到汽车的一个清洁表面上,连接处应尽量靠近切割部位。

(3)在等离子弧被触发以前,应先将切割喷嘴与工件上一个导电的部分相接触。必须进行这项操作,以符合安全流程的要求,一旦等离子弧被触发以后,等离子切割机将很容易切入涂有油漆的表面。

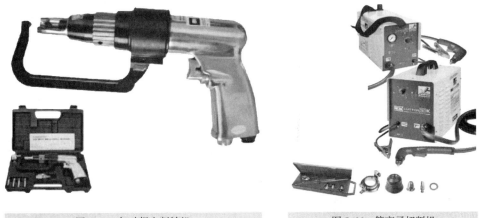

图 5-65　气动焊点削转机　　　　图 5-66　等离子切割机

(4)拿起等离子焊炬,使切割喷嘴与工件表面垂直,向下推动等离子焊炬,这将迫使切割喷嘴向下移动,直到与电极(图5-67)相接触。这时,等离子弧被触发。然后,立即停止推动等离子焊炬,让切割喷嘴返回到原来的位置。当等离子弧被触发后,不需要再使切割喷嘴与工件保持接触。不过,两者保持接触会使切割更容易进行。当切割喷嘴与工件保持接触时,施加在等离子焊炬上的向下的力非常小,只需要将它轻轻地拉到工件的表面上。

(5)开始在金属上需要切割的部位移动等离子焊炬,切割的速度由金属的厚度决定。如果移动焊炬过快,它将不切割工件。如果焊炬移动太慢,将会有太多的热量传入工件,而且还可能熄灭等离子弧,如图 5-68 所示。

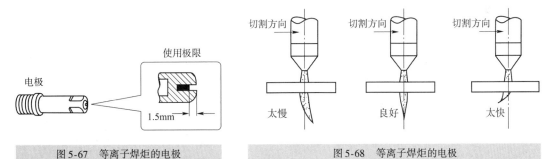

图 5-67　等离子焊炬的电极　　　　图 5-68　等离子焊炬的电极

(6)切割完毕,关闭等离子焊炬开关,等离子弧熄灭,这时,压缩空气延时喷出,以冷却等离子焊炬。数秒钟后,空气自动停止喷出,移开等离子焊炬,完成切割全过程。

(三)汽车车身板件的切割方法

1. 确定电阻点焊焊点位置

为了找到电阻点焊焊点的位置,首先要去除底漆、保护层或其他覆盖物。去除方法可用乙炔焰烧焦底漆,并用钢丝刷将底漆刷除,也可用粗钢丝砂轮磨掉涂料。在去除底漆加热过程中,要注意不要烧透涂层,防止金属薄板变色。对于保护层,也可采用去除底漆方法,加热软化后用铲刀剔除,也可用砂轮磨削,使焊点露出。用錾子确定焊点位置如图 5-69 所示。

2. 电阻点焊焊点的分离方式

(1)钻头钻除方式(图 5-70)。钻头钻除方式是经常用的一种方式。在确定焊点的位置后,用普通钻头或钻孔器,切除焊点后将板件分离。

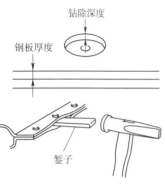

图 5-69 用錾子确定焊点位置

(2)砂轮磨除的方式(图 5-71)。对于钻头不能钻除的焊点或者由于塞焊点太大,钻头钻除困难时,可以采用砂轮磨除的方式。在操作过程中,只要磨削掉上层板件,而不破坏下层板件。

(3)连续焊缝的分离(图 5-72)。在汽车的局部板件连接中,板件是用惰性气体保护焊的连续焊进行焊接的。连续焊接的焊缝长,分离困难,一般要用砂轮或高速砂轮机来分离板件,即用砂轮或高速砂轮机切削连续焊缝,去掉焊缝金属,进而把板件分离。

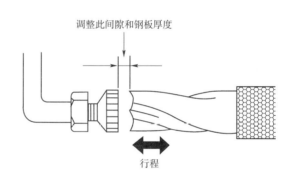

图 5-70 钻头式切割机钻除焊点

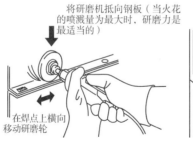
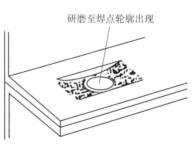

图 5-71 高速砂轮磨削清除焊点

在用砂轮分离连续焊缝时,应注意切割的深度。要割透焊缝而不割进或割透板件,否则会导致板件的损伤。操作时,要握紧砂轮机,让砂轮以 45°角进入搭接焊缝。磨透焊缝后,再用锤子和錾子分离板件。

(四)汽车车身板件的分割

整体式车身部件一般在接缝处进行更换,在分割时要考虑车辆的特殊设计,分割结构件要保持防撞性能区的完整,使修理区域的强度和撞击以前一样,在遭碰撞时还具有吸收碰撞的能力。除了防撞吸能区外,还有内部加强件、制造时的接缝位置以及理想的分割区域。

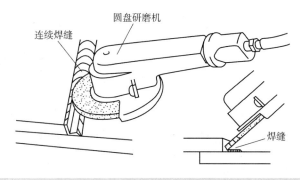

图 5-72　圆盘研磨机分离焊缝

中立柱的分割(图 5-73)与连接,中立柱的切割要在 D 环下进行切割,其距离要避免切通 D 环固定点的加强件。对于中立柱,D 环的固定点加强件是焊到内件上的,一般无法使用插入件,仅在它的外件使用槽形插入件,应用偏置对接方式进行连接,如图 5-74 所示。

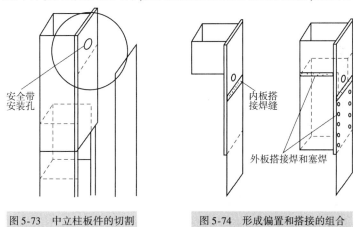

图 5-73　中立柱板件的切割　　　　图 5-74　形成偏置和搭接的组合

首先在现有的内件上搭接新的内件,而不将其对接在一起,并焊好搭接边缘。然后用点焊把槽形插入件焊接就位,并且用连续焊缝环绕外立柱进行封闭连接。

四、进行实践操作

(一)设备及工具准备

(1)防护装备:工作服,工作帽,防尘口罩,防护眼镜,手套,安全鞋。

(2)手工工具:钣金锤,大力钳,划针,冲子。

(3)气动工具:打磨机,砂带机,吹尘枪。

(4)电动工具:电阻点焊机,二氧化碳气体保护焊焊机。

(5)测量工具:钢直尺,游标卡尺,锉刀。

(6)材料:五件套板件一套,砂带,记号笔。

(二)中立柱更换流程(国赛标准)

(1)穿戴好个人防护用品,如图 5-75 所示。

(2)检查工位(图 5-76)、工具的情况,保证设备工具可正常安全使用。

(3)调整电极臂(图 5-77),将电极臂和电极头完全上紧,使它们在工作行程中不至于松开。将两个电极头对准,使电极头在同一条轴线上,电极头不对正将引起加压不充分,造成电流过小,并降低焊接部位强度。

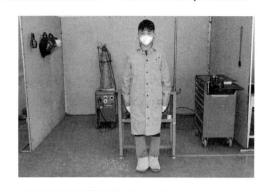
图5-75 穿戴防护用品

图5-76 检查工具设备

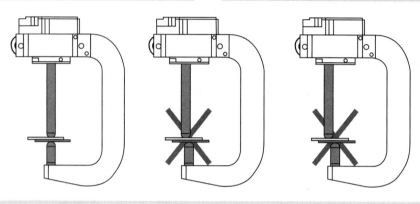
图5-77 对准电极头

(4)划线。

①对第一层镀锌板和第二层板件进行划线(图5-78),对需要进行电阻点焊位置进行标注,保证焊接时焊点的准确性。

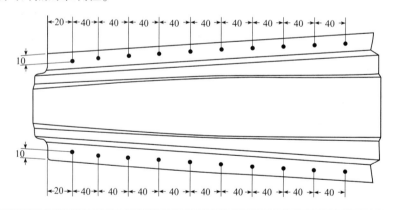
图5-78 电阻点焊位置的确定(尺寸单位:mm)

②切割位置划线(图5-79),对需要更换的钢板进行划线定位,保证切割尺寸的精确。

(5)将气源接在电阻点焊机上,开机,调整模式到电阻点焊模式。将要焊接的焊件表面的油污、铁锈清除,并在焊片表面涂抹导电性好的透焊防蚀涂料,重要的是在板件端面也要均匀地涂抹一层防蚀涂料。用夹钳把焊件夹紧(图5-80)。如果焊件表面之间留有任何间隙,都将导致电流导通不良。

(6)选择焊接电流和焊接时间,如图5-81所示。

图 5-79 划线位置的确定

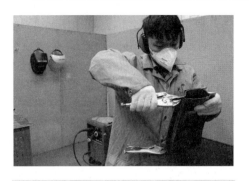
图 5-80 板件装夹定位

(7)首先进行试焊(图 5-82),调试机器参数,先用试焊片进行电阻电焊试焊接,然后进行破坏性试验,把两块焊接钢片撕开(图 5-83),如分离轻松,两块钢板上无任何焊接痕迹,说明焊机参数不够,需要增大电流或者焊接时间,如分离过后板件上留有圆形焊点,说明焊接参数正常,可以焊接,如果焊接热影响区域过大,钢板过热,板件分离不彻底,说明焊接电流过大,需要调小再试。

图 5-81 调整焊接参数

图 5-82 开始焊接

(8)对需要进行电阻点焊的焊件进行组装,并用 C 型大力钳把焊件固定在焊接横梁上,如图 5-84 所示。

图 5-83 撕裂检测合格

图 5-84 装配夹紧焊件

(9)在板件上进行焊接(图 5-85),注意不要按顺序焊接,应该错位焊接,间隔一个焊点的位置左右,焊点位置正好在划线位置十字中心处。

(10)定点(图 5-86)和钻孔(图 5-87),在模具上对需要钻除的电阻点焊点进行冲定位点,定位点应该在焊点的正中,然后利用气动钻进行钻孔,注意只需要钻除一层板件,不能钻伤第二层板件。

图5-85 进行点焊

图5-86 冲定位点

(11)切割(图5-88),对之前划线部位进行切割,要求不能偏离划线位置,否则影响后边焊接质量,切割时需要插入铁片,防止割伤第二层板件。

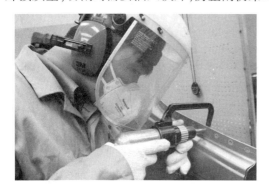

图5-87 钻孔

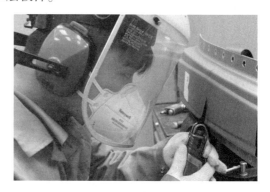

图5-88 钻除焊点并切割板件

(12)更换板件,对切割后的部件进行打磨整理,拼接新板件,并用大力钳夹紧,如图5-89所示。

(13)连续焊接(图5-90),在试焊片上试焊后,在板件上进行焊接,要求焊缝高度不高于2mm,焊缝宽度在5~8mm,分三段进行焊接。

图5-89 安装新板件

图5-90 连续焊接

(14)6mm 塞孔焊接,需要左右交叉焊接,焊点高度不超于2mm,直径在7~9mm。

(15)9mm 塞孔焊接,需要填满钻孔,焊点高度不超于2mm,直径在9~13mm,如图5-91所示。

图 5-91　填孔焊及焊接效果

（16）连续点焊（图5-92），焊接之前对板件进行定位，定点距离为板件厚度的30倍左右，定点固定之后，用砂带机打磨定位点，然后分为五段进行分段焊接。焊接要求：不能出现气孔，不能穿孔，焊缝平直，焊缝熔深足够，焊缝宽度在6~8mm，余高在2mm以内。

（17）收拾工具，整理板件，清洁焊渣，切断电源、气源并清洁场地，如图5-93所示。

图 5-92　分段连续焊　　　　　　　　　图 5-93　整理工位

五、评估学习效果

（一）判断题

1. 在车身板件更换时可以反复分割结构板件。　　　　　　　　　　　　　　　（　　）
2. 在分离车身板件时，要注意不要破坏未受损伤的部件。　　　　　　　　　　（　　）
3. 切割时要避开车身板件上的任何孔和加强件。　　　　　　　　　　　　　　（　　）

（二）选择题

1. 清除焊点时，（　　）的操作方法是错误的。
   A. 要清理掉所有的焊点油漆　　　　B. 不能破坏下层板
   C. 可以用钻和磨削的方法切割
2. 用砂轮磨削分割板件上的连续焊缝，砂轮盘与工件的角度是（　　）。
   A. 45°　　　　　　　　B. 30°　　　　　　　　C. 60°
3. 当切割门槛板时，为了避免切割到中立柱下面的加强件，应避开中立柱的基础（　　）mm进行切割。
   A. 30　　　　　　　　B. 40　　　　　　　　C. 50

4. 最快速拆卸车门外板的方法是用( )。

   A. 等离子切割　　　　B. 焊点转除钻　　　　C. 砂轮磨削

5. 车身的( )损坏后不可以切割更换,要整体更换。

   A. 门槛板　　　　　　B. 前纵梁　　　　　　C. 车门加强梁

六、学习成果展示

根据任务完成情况,学生按照车身板件更换技能考核标准(表5-5)自我评分,教师或指定组长过程巡视/验收检查时,发现问题时直接扣分,并在备注栏签名。

车身板件更换技能考核标准　　　　　　　　表 5-5

序号	项目	操作内容	规定分	评分标准	得分
1	着装安全防护	工作服、工作帽、安全鞋、防尘口罩、耳塞、护目镜、有无佩戴金属饰物、棉纱手套	3分	整个过程中需要佩戴,不符合规定不得分	
2	工具设备使用	保护焊电流(3~4挡) 保护焊送丝速度(5~12挡) 电阻点焊电流(60~90A) 电阻点焊焊接时间(30~60s)	5分 1分 1分 1分	不正确不得分 不正确不得分 不正确不得分 不正确不得分	
3	划线切割	擦拭板件及试焊片 焊接时焊钳虚焊 切割后锯条严重弯曲变形、断裂 切割、钻伤到下层板件 未进行定位焊 工件等掉落 AB板焊接后更换下的板件评分 钻孔偏斜 孔内有残留 四个角变形 切割线有明显弯曲或偏斜	2分 4分 2分 2分 2分 3分 4分	一件未擦拭扣0.5分 虚焊扣4分 变形、断裂扣2分 一处扣1分 一处扣2分 一处扣1分 焊点变色痕迹>1mm 一处扣1分,残留>1mm 一处扣1分,可插入1mm板件,一处扣1分,切割线有明显弯曲或偏斜一处扣1分	
4		板件对齐组合件边缘		未对齐>1mm1处扣1分	
5	组合件焊接	电阻点焊 电阻点焊焊点不符合评分标准要求 电阻点焊焊点偏离 电阻点焊失圆	70分	每个扣2分 偏离>1mm,每处扣1分 失圆>1mm,每处扣1分	
6		6mm塞焊 6mm塞焊焊点未焊接或不符合评分标准要求 塞焊圆度塞焊高度 每4个焊塞大小要一致 塞焊有气孔		每个扣3分 失圆>0.5mm,每个扣1分 高度≥1.5mm,每个扣1分 直径最大与最小≥1mm,每个扣1分 每个扣1分	

续上表

序号	项目	操作内容	规定分	评分标准	得分
7	组合件焊接	9mm 塞焊 塞焊焊点未焊接或不符合评分标准要求 塞焊背面穿透最小直径处 塞焊圆度失圆 塞焊高度 每4个塞焊点大小要一致 塞焊有气孔 塞焊出现严重流挂	70分	每个扣6分 <9mm，每个扣3分 失圆>0.5mm，每个扣1分 高度≥1.5mm，每个扣1分 直径最大与最小≥1mm，每个扣1分 每个扣1分 每个扣1分	
8	组合件焊接	连续焊对接焊 未采取分段或未焊接完成对接焊接头偏斜 对接焊宽窄不齐对接焊高低不齐，接头不齐 焊缝宽度或高度超评分标准要求 焊缝高度 焊缝弯曲 焊接接头正面被遮盖 对接焊出现熔穿 板接缝间隙超出技术要求 焊缝背面接头部位未熔穿		扣20分，一处扣2分 高低不齐≥0.5mm一处扣1分，接头不齐扣2分 长度每5mm为一处，每处扣5分 高度超≥1.5mm，每5mm为一处，每处扣1分 弯曲≥1mm，每段扣2分 焊接接头正面被遮盖无法评分，一个接头扣5分 熔穿一处扣3分 每侧扣2分 每个扣3分	
9		连续点焊对接焊 未采取分段或未焊接完成 对接焊宽窄，接头宽窄 对接焊高低，接头高低 焊缝宽度或高度超评分标准要求 焊缝高度 焊缝弯曲 连续点焊对接焊焊点 连续点焊对接焊两侧出现阶差变形 对接焊出现熔穿 对接焊两侧边缘部位填充金属 对接焊两侧边缘部位击穿对接焊焊缝有气孔 对接焊飞溅		扣20分 宽窄不一致一处≥0.5mm扣1分，接头宽窄不齐扣2分 对接焊高低不一致一处≥0.5mm扣1分，接头高低不齐扣2分 长度每5mm为一处，每处扣5分 焊缝高度超≥1.5mm，每5mm为一处，每处扣1分 弯曲≥1mm，每段扣2分 不均匀，1处扣1分 深度≥0.5mm，一处扣2分 溶穿一处扣5分。补焊一处扣3分 超出长度≥1.0mm，每侧扣2分 长度≥1.0mm，每侧扣2分 1个扣1分 飞溅≥5个扣1分，≥10个扣2分	
	总分		100分		

参 考 文 献

[1] James E Duffy Robert Scharff. 汽车车身维修技术[M]. 北京:高等教育出版社,2006.
[2] 中国汽车维修行业协会. 车身修复[M]. 北京:人民交通出版社,2008.
[3] 李庆军,李效春. 汽车钣金与涂装技术[M]. 重庆:重庆大学出版社,2008.
[4] 高元伟,吴兴敏. 汽车车身焊接技术[M]. 北京:人民邮电出版社,2009.
[5] 顾建国. 汽车钣金维修技师培训教材[M]. 北京:人民交通出版社,2003.
[6] 卢宜郎,梁其续. 汽车车身焊接工艺与实训一体化项目教程[M]. 上海:上海交通大学出版社,2012.
[7] 吴兴敏,王立刚. 汽车车身结构[M]. 北京:人民邮电出版社,2010.
[8] 白建伟. 汽车碰撞分析与估损[M]. 北京:机械工业出版社,2010.